역사는 반복된다

※ 일러두기

큐아르코드(QR)는 본문 내용과 관련한 인터넷 사진 자료입니다.
스마트폰 큐아르코드 리더기로 확인할 수 있습니다.

역사는 반복된다

초판 1쇄 발행   2023년 11월 6일
초판 4쇄 발행   2023년 11월 20일

지은이   배기성
표지글씨   화가 이진경
펴낸이   변선욱
펴낸곳   왕의서재
마케팅   변창욱
디자인   꿈지락

출판등록   2008년 7월 25일 제313-2008-120호
주소   경기도 고양시 일산서구 일현로 97-11 두산위브더제니스 105-601
전화   070-7817-8004
팩스   0303-3130-3011
이메일   latentman75@gmail.com
블로그   blog.naver.com/kinglib

ISBN   979-11-86615-64-5 03910

책값은 표지 뒤쪽에 있습니다.
파본은 구입하신 서점에서 교환해드립니다.

수구 기득권 카르텔의 탄생

역사는 반복된다

배기성 지음

왕의
서재

역사는 반드시 반복된다

> 왕비를 차지해 외척으로 세도가문을 형성한 그들은 조선 후기, 대
> 한제국기, 일제강점기, 해방정국, 제1공화국, 6·25, 그 이후의 한국
> 사회에 관직과 권력, 수사권과 기소권 그리고 뭐니 뭐니 해도 언론
> 권력과 학계 카르텔을 통해 철옹성을 구축하고 있다.
> 깨어있는 시민들의 조직된 힘에 저항하는 형태를 취한 수구 기득
> 권 카르텔이 존재하는 한 역사는 과거의 부정적인 모습이 주기적
> 으로 '무서운 권력(공권력恐權力)'으로 나타난다.

2023년 7월 6일, <CBS 김현정의 뉴스쇼>에 나온 보훈부 장관은
"공부를 하면 할수록 백선엽 장군은 친일파가 아니다. 그가 친일
파가 아니라는 데 내 장관직을 걸겠다"라고 호언장담했다.

　<매불쇼>의 정OO 작가와 7월 10일 월요일 방송을 무슨 내
용으로 할까 고민 고민하던 필자에게 이 소식은 참으로 놀랄 만
한 일이었다. 아니 귀를 의심하고 싶었다. '일국의 장관이 도대체
무슨 화 나는 일이 있었기에, OO하면 장관직을 걸겠다는 말까지
서슴없이 하는 걸까? 저런 말을 함부로 해도 되는 것인가?'

우리는 안중근 대한 독립의군 참모중장님의 진짜 유해를 찾지 못하고 있다. 아직도 그 실마리조차 알지 못한다. 2011년 5월 2일, 미국 오바마 대통령이 9·11 테러의 원흉 오사마 빈 라덴을 사살한 후, "그의 묘는 없다. 바다에 수장했다. 왜냐하면, 그 묘를 만들 경우, 테러리스트들의 성지聖地가 될 것이 분명하기 때문이다."라고 밝혔다.

　　필자는 이 발언이 예사롭지 않다. 일본 제국주의가 1909년 3월 26일에 안중근 장군님을 처형한 후, 도대체 그 무덤이 어디에 있는지 알 길이 없다. 그의 무덤을 만들었을 경우, 그래서 "여기가 거기다"라고 알릴 때, 일본 제국주의에 저항하는 식민지 조선과 중국 청나라 세력의 성지聖地가 될 것을 우려했을 것이다. 수장水漿까지는 아닌 것 같은데, 도대체 그분의 유해가 어디에 방치되어 있는가!

　　서울 효창공원에 있는 3의사 묘 옆에 자리 잡은 안중근 의사의 가묘는 허묘이다. 즉 유해를 모셔오지 못해 빈 무덤을 만들어

두었다. 윤봉길, 이봉창, 백정기 세 분의 애국 의사 옆에 안중근 의사 가묘假墓는 너무나 슬퍼서 눈물이 난다.

　이상하다. 필자 같으면, "내 장관직을 걸고, 우리 민족의 가장 위대한 우국지사 안중근 장군님의 진짜 묘소가 도대체 어디에 어떻게 방치되어 있는지를 꼭 알아내겠다. 그 유해를 반드시 현충원에 모시겠다."라고 목청을 높일 것 같은데, 어째서 만주 간도특설대 12명(백선엽 포함)이 친일파가 아니라고 하는 데 장관직을 걸고, 또 그들의 친일 행적을 기록한 웹사이트와 묘지 기록마저 삭제하겠다는 주장을 아무런 부끄러움 없이 할 수 있는 것일까?

　2023년 7월 24일 보훈부 장관은 결국, 오직 백선엽에 관한 보훈부 웹페이지 친일 기록을 삭제해버리는 야만을 저질렀다. 나머지 11명은 친일파 그대로 놔뒀다.

　역사는 반복된다. 아니 되풀이된다. 이는 역사를 30년 동안 전공하며 공부한 사람으로서 감히 결론 낼 수 있다. '역사는 발전한다'는 것이 1789년 프랑스 혁명에서의 콩도르세 등의 학자들이 만들어낸 개념인데, 필자는 동의하지 않는다. 세계사도 물론이지만, 한국 근현대사를 보더라도 역사는 반복된다.

기존의 주류 사학계에서 한국의 근대를 어디로 잡을 것인가 하는 시대 구분론은 언제나 뜨거운 논란을 가져왔다. 지금도 '근대'라는 개념을 '중앙집권화'로 보느냐 '화폐 자본주의의 도입'으로 보느냐 하는 차이점으로 다투고 있다.

전자는 도올 김용옥의 견해로써 조선 왕조 출범과 함께 사실상 우리 민족의 근대가 시작되었다는 견해다. 후자는 대부분의 주류 사학계 입장으로 1876년 2월 말, 강화도 조약의 성립으로 비록 침략적이지만, 화폐 자본주의가 우리나라 역사에 깊숙이 들어왔다는 점을 내세운다. 조선과 일본이 국가 대 국가로 조약을 맺었으니, 근대의 도입으로 보는 데에 큰 무리가 없다며 모든 학자가 의견을 일치시킨다.

현대는 또 언제부터일까? 현대의 출발은 '헌법'이라는 체계 도입에 있다. 헌법은 시민민주주의라는 절대 명제를 이루는 기본 토대다. 시민민주주의라는 절대 명제이기에, 조선 왕조에도

대한제국에도 일제강점기에도 대한민국임시정부에도 정부 통치 기조는 다 법률로 정했으나, 완전한 선거를 통한 시민민주주의는 1948년 8월 15일 대한민국 출범부터다.

아, 오해는 하지 마시길, 대한민국의 건국일은 어디까지나 1919년 4월 11일 대한민국임시정부의 출범부터다. 1919년 거국적인 3·1운동에서 독립선언서를 외쳤으니, 이에 합당한 독립된 정부가 필요하다. 대한민국임시정부의 수립은 논리상 당연하다. 단, 직선제 혹은 간선제 선거를 거치지 않고 정부가 만들어져, 임시정부는 미완의 정부다. 그렇다고 임시정부를 시민민주주의의 첫 정부로 인정하지 않겠다는 일부 뉴라이트와 극우세력의 태도는 역사의 연속성을 존중한다는 측면에서 보면 완전히 잘못된 견해이다.

조선 후기 영조가 소론과 남인 그리고 근기近畿남인(사실상 북인)에 대한 배제 및 학살 정책을 펼치며 사도세자를 살해했다. 그 이후, 사실상 일당독재를 굳힌 노론 세력은 자신의 기득권을 지키기 위해 이권 카르텔을 형성했다.

왕비를 차지해 외척으로 세도가문을 형성한 그들은 근대부터 현대까지 다시 말해, 조선 후기, 대한제국기, 일제강점기, 해방정국, 제1공화국, 6·25, 그 이후의 한국 사회에 관직과 권력, 수사권과 기소권 그리고 뭐니 뭐니 해도 언론 권력과 학계 카르텔을 통해 철옹성을 구축하고 있다.

깨어있는 시민들의 조직된 힘에 저항하는 형태를 취한 수구기득권 카르텔이 존재하는 한 역사는 과거의 부정적인 모습이 주기적으로 '무서운 권력(공권력恐權力)'으로 나타난다.

19세기 일본의 야욕, 무기력한 조선

01

한·일 간 갑-을 관계의 시작, 세자 결혼식

"그러려면 돈이 더 많이 필요한데, 없으시죠? 저희가 다 해결해드리겠어요." 하며, 원리금 분할상환을 제시한다. 다시 말해, 한 1년은 이자만 내고 그다음부터 원리금을 균등 상환하라는 것이다. 고종은 그 미끼를 덜컥 물어버린다.

역사의 주인공은 백성이고 시민이며 특히 이름 없이 살아가는 서민들이다. 필자는 이른 새벽 시간인 새벽 4시부터 7시 사이에 각 가정에서 배출한 온갖 쓰레기를 분리수거 해서, 하룻밤 사이에 도로에 쌓인 온갖 오물들을 청소하는 공무원들을 보며, 저분들이 왜 9급 혹은 10급 기술직으로 명명되는지 도저히 이해하지 못할 때가 있다.

중앙에서 기획실에서 이래라저래라 종이에 사인하는 사람들은 편안한 의자에 앉아 갖은 호사를 누리며, '정신적 스트레스' 오로지 그 스트레스만을 받는다며 투덜댄다.

소위 새벽을 치우는 환경미화원분들은 도대체 무슨 복지를 누리고 지내시는가? 그들이 쓰레기를 치우며 맡는 악취들은 바로 그들에게 보통 사람들이 보내는 사회적 경멸로 투영된다.

이런 가치관의 뒤집힘, 전도顚倒는 도대체 언제부터였을까? 필자가 생각하기에 이것은 바로 일제강점기부터였다. 더 정확하게 말하자면, 일본이 한국을 잡아먹기로 작정하고 그 계획을 세울 때부터였다. 1876년 2월 27일, 강화도 조약이 성립되면서부터 우리 조선에는 아래로 시민사회로부터의 건강한 사회혁명을 시도해 자본주의를 정립한 것이 아니라, 백성 누구도 모르는 사이에 '자본주의'라는 것을 당해버렸다.

조선에도 화폐는 물론이고 상업과 제조업이 있었다. 한데 이런 것은 신흥 일본에 의해 무시되기 일쑤였다. 교통과 통신이 발달하지 않은 그때 그 시절을 상상해보면, "일본 세력이 해군에 군함 그리고 함포와 신식 무라타 소총을 앞세워서, 그것도 개틀링 기관총을 앞세워" 우리 각 지방과 항구를 측량하는 행위를 조선 백성들이 어떻게 상상할 수 있었겠는가!

'우리나라 정신이 병들었다느니 촌스럽다면서 문명을 바꿔

주러 왔다開化'라며 일본은 숨겨왔던 발톱을 드러내기 시작했다. '도대체 뭣 하러 저런 행위를 하지? 남의 나라에 뭣 하려고 기어 들어 와서 저런 무지막지한 행동들을 하는 거지?' 하며 고개를 갸우뚱하는 백성들을 달달 볶아 못살게 구니 그때부터 일본에 대한 반일 감정이 고개를 들기 시작한다.

이때 조선에서는 외국 세력을 배척하는 '척화사상'이 주를 이루고 있었다. 고종의 아버지 흥선대원군이 집권하고 있을 때, 1868년 유대인 오페르트가 북독일연방의 깃발을 내걸고 홍주(지금의 홍성) 지방에 밀물을 이용하여 배를 가져다 댄다. 그는 새벽을 틈타 흥선대원군의 아버지 남연군의 묘를 도굴하려고 한다. 다만 회벽으로 둘러쳐진 이 묘가 매우 단단했던 나머지 썰물 때가 되자 오페르트는 도굴을 포기하고 배에 오른다.

필자가 2020년 홍성에 들려 남연군 묘에 들렀을 때, 그곳은 보수 공사 중으로 필자와 공사장 인부들 외에는 아무도 없었다. 아주 뜨거운 여름이었다.

대원군은 대로한다. 척화斥和를 주장한 것은 당연한 귀결이었다. 대원군은 전국 곳곳에 척화비를 세웠고, 군대를 대폭 증설 강화했다.

1870년대 대원군이 실각하자, 세도정치 여흥민씨 삼방파가 조선의 전권을 장악했다.

대원군은 명성황후의 아들(훗날 순종이 되는 세자)을 노렸다. 자기 친손자이니, 다시금 권력을 잡으려는 노림수였다. 강화도에서 수도 한양에서 연이어 며느리로부터 권력을 빼앗기 위한 쿠데타를 여러 차례 강행한다. 유길준 등에 따르면, 일본 공사관에 명성황후를 실각시켜 달라고 부탁했다고 한다. 그렇지만, 결과는 모두 실패였다.

대원군은 모든 것이 자기 아들 고종의 이미지가 너무 유약하기 때문이라고 느꼈을 것이다. 고종은 가운데 낀 상황에서 크게 부담스러웠을 터다. 그래서 결단이라고 내린 것이 고작 순종의 혼례였다.

1874년에 고종과 명성황후 사이에서 태어난 왕세자가 1882년에 결혼한다? 맞다. 왕세자는 고작 9살이다. 왕세자비였던 여흥민씨(또 결국 삼방파)의 나이도 고작 11살이다. 신랑 9살, 신부는 11살, 명성황후는 순종 부인의 고모다. 자기 친정 조카를 며느리로 맞는 이 뻔뻔스러운 세도가문의 자기 기득권 지키기를 보라.

이 결혼식을 위해서 고종과 명성황후는 전국 각도에서 온갖 보화를 다 진상하라고 명한다. 여기에 들어가는 돈이 얼마나 많았겠나. 백성들은 허리가 휠 지경이었다.

마침내 어마어마한 액수의 돈을 감당하지 못하고 거의 절반 가까이 당시 일본 공사 하나부사에게 빌렸다. 이것도 사실 하나부사의 계략이었다는 설이 지배적이다.

고종의 순종을 향한 그 불안한 마음을 잘 읽고 있던 하나부사가 잔치판을 크게 키워야 순종, 즉 세자를 더욱 굳건하게 만들고, 대원군이 절대 자기 조카 이준용을 옹립하려는 대역죄를 범하지 않을 거라면서, "그러려면 돈이 더 많이 필요한데, 없으시죠? 저희가 다 해결해드리겠어요." 하며, 원리금 분할상환을 제시한다. 다시 말해, 한 1년은 이자만 내고 그다음부터 원리금을 균등 상환하라는 것이다. 고종은 그 미끼를 덜컥 물어버린다.

　이때부터다. 1882년 2월 22일, 지금 풍문여고 앞 안동별궁에 신혼살림을 차린 그 어린 부부를 보며, 일본 공사 하나부사는 만족스러운 너털웃음을 치고 있었다. 채권국 일본, 채무국 조선, 2023년 현재까지 내려오는 한·일 간 갑-을 관계의 원조이다.

청나라 조선 감국 위안스카이와
바보 임금 고종

위안스카이는 흥선대원군을 납치해서 청나라 톈진으로 압송해버렸다. 그러고 나서는 고종을 대할 때, 앉은 채로 손짓으로 부르질 않나, "어이!" 하면서 반말로 말을 걸질 않나 … 그는 조선을 자기 나라 다루듯이 마음껏 주무른다.

'조선 감국'이라고 들어봤는가? 감국監國, 말 그대로 국가 하나를 마음대로 관리·감독하는 직책을 말한다. 조선 감국은 사실상 조선을 식민지로 한다는 의미다. 고려 시대, 원나라에 당한 그게 바로 감국 체제가 아니겠나.

순종의 결혼식을 계기로 일본이 조선에 막대한 빚을 지우고 본격적인 심리적 우위를 차지하자, 청나라는 바짝 긴장하기 시작했다. 머나먼 과거인 병자호란 이후 조선을 사대나 하는 아래 국가로 여겨왔는데, 일본과 국가 대 국가 조약인 강화도 조약을 맺다니, 청나라는 이제 호시탐탐, "너네 조선이 원래 우리 청나라를 섬기던 사대 국가라는 점을 꼭 다시 일깨워주겠다."라며 간섭할 기회만 노리고 있었다.

1882년 7월 23일, 조선의 구식 군대(이 표현도 무척 우습다. 조선이 자체적으로 운영하던 군대는 구식 군대이고, 일본군이 강화도 조약 이후에 우리 군대를 새로 뽑아서 훈련하면 신식 군대라고 표현하다니…)가 신식 군대에 불만을 품고 공격한 사건이 일어난다. 이 해가 육십갑자의 임오년壬午年이어서 '임오군란壬午軍亂'이라고 부른다.

이 사건으로 잠깐 명성황후 민비가 내쫓기고 흥선대원군이 다시 집권한다. 일본 공사관은 습격당해 신식 군대를 훈련하러 왔던 일본군 부사관들이 사망하고, 일본 공사관에서 일하던 일본 공무원들도 많은 사상자를 냈다.

애초에 구식 군대에 월급을 주지 않은 것이 원인의 전부였다. 9개월이나 밀렸으니, 반란은 어쩌면 당연한 일 아닌가. 자, 봉급을 주지 못한 것이 9개월이니 역으로 추산하면, 7, 6, 5, 4, 3, 2, 1, 12, 11… 정말 정확하게 하나부사 주한 일본 공사가 고종을 만나 세자 결혼식 관련 차관을 의논해서 결정한 시점과 일치한다.

너무 많은 돈을 빌린 고종과 민비에게는 위민爲民, 애민愛民

정신 따위는 전혀 없었으므로, 이자와 원금을 일본에 갚아 나가기 위해서는 우리나라 군인들에게 월급을 주지 않는 수밖에 없다.

이런 백성들에게 가한 왕실 지배층의 폭력은 백성들 생존권을 위협했고, 마침내 그 불만이 폭발한다. 임오군란의 발생 원인은 이렇게 봐야 옳다.

을미사변에서의 그 비참한 죽음 때문에 많은 국민이 '명성황후'라고 비장한 명칭으로 부르는 그 왕후는 감정적으로나 논리적으로 '민비'라고 부르고 싶다. 아무리 그 일생을 합리화하고 싶어도, 백성을 위해서 살았던 흔적이 거의 없는 까닭이다.

조선에 간섭한 청나라에 반항하거나 일본이 호시탐탐 조선을 노릴 때 저항한 흔적, 또 여성위생과 여성 교육을 위해서 노력한 발자취가 보일는지는 모르겠지만, 그 정도야 통치자라면 누구든지 하는 일이니 특별할 게 없다.

임오군란에서 수도 한양의 백성들과 구식 군인들에게 가장 큰 희생을 당한 것은 여흥민씨 삼방파의 세도가문이었다. 그들의 이권 카르텔과 부정부패가 극에 달했기 때문이다. 그 중심에 민비가 있었다.

임오군란이 중요한 이유는 그것이 수도 한양에서 일어난 중앙군대의 반란이기 때문이다. 19세기 들어서 일어났던 홍경래의 난이라든지, 진주민란은 어쨌든 그 반란의 진앙이 평안도 북부이거나 저 아래 경상도 지방이다. 더 나중의 일이지만 동학농민혁명 역시도 호남, 충청 그리고 경상 지역이다. 그런데, 임오군란과 2년 뒤 갑신정변은 둘 다 수도 한양에서 정식 군인들과 벼슬아치들끼리 치고받고 싸운 사건인 것이다.

고종과 민비는 바로 청나라에 도움을 요청한다. 청나라 군대가 진주하게 되고, 곧바로 일본의 군대도 국내로 들어온다. 청군은 용산, 평양, 평택에 진주하고, 일본군은 서울 남산 아래 명동 지역에 주둔한다.

조선 왕조는 이때부터 사실상 급격히 멸망으로 치닫는다. 나라가 강하지 못하니, 궁궐이 군인들에게 침범당하고, 왕실의 권위는 지하 깊숙이 내려 앉아버렸다.

청군은 자체 정보망을 통해 조선으로 진격했다. 고종이 불렀든 누가 불렀든, 부른다고 그렇게 옳다구나 하면서 진격해 들어왔다는 사실은 누가 봐도 청군이 미리 대기하고 있었다고밖에 생각할 수 없다.

이때 청군을 끌고 온 사람이 바로 위안스카이 조선 감국이다. 그냥 조선 총독이라고 생각하면 된다. 그는 흥선대원군을 납치해서 청나라 톈진으로 압송해버렸다. 그리고 나서는 고종을 대할 때, 앉은 채로 손짓으로 부르질 않나, "어이!" 하면서 반말로 말을 걸질 않나, 1882년 여름부터 1884년의 갑신정변을 거쳐

▶ 고종과 위안스카이.

1894년 청일전쟁의 패배에 이르기까지 무려 12년 동안 그는 조선을 자기 나라 다루듯이 마음껏 주무른다.

　청일전쟁이라는 거대 이벤트에서 조선을 사실상 일본에 내주는 그런 과실을 저질렀다면, 당연히 퇴출당했어야 맞지만, 당시 청나라도 세계에서 가장 어처구니없는 최악의 부정부패 정권이던 서태후 치하였으므로, 위안스카이는 총리대신을 넘어 나중에는 쑨원의 신해혁명 정부까지 배신하고 황제의 자리까지 오르는 세계 역사상 최고의 코미디 한 편을 보여준다.
　1882년 임오군란 이후 가을부터 1894년 여름 청일전쟁의 발발까지 조선은 위안스카이로 대표되는 청나라의 사실상 식민지였다. 그리고 후에 설명하겠지만, 조선 임금 고종은 바보였다.

최초의 친일파 김옥균의 운명

김옥균은 이 여행에서 후쿠자와 유키치의 융숭한 대접을 받았다. 이노우에 카오루(1836~1915)의 친일파 양성정책의 미끼와 유혹에 그대로 걸려든다.

역사 속에서 안동김씨라는 가문은 우리나라 국민 대부분 잘 알고 있다. 그런데 이 가문은 무조건 둘로 나뉜다. 구舊안동김씨와 신新안동김씨다. 이렇게 나뉘는 계기가 조선 병자호란 이후, 청나라에 충성하겠다고 역적이 되어버린 김자점이라는 역적 때문이다.

병자호란 당시, 오랑캐에는 절대로 항복할 수 없다며 끝까지 버티고 싸워야 한다고 밀고 나간, 예조판서 김상헌부터가 바로 새로운 안동김씨 중에서도 장의동 신안동김씨, 즉 '장동김씨'이다.

19세기 김조순으로부터 시작하는 그 어마어마한 세도勢道정치의 대명사 안동김씨라 함은 이 장동김씨를 지칭한다.

장동김씨는 청음 김상헌의 조선 왕조를 위한 충성심, 후일 방랑시인 김삿갓의 자유로운 풍모, 무엇보다도 후일 청산리전투에서 백야 김좌진이라는 충성스러운 독립군 장교의 모습, 또한 노태우 전 대통령의 부인인 김옥숙 여사의 지적인 이미지 등으로 좋게 보이는 경우가 있는지는 모르겠다.

하지만, 이 집안은 종친회를 해서는 안 될 집안이라고 생각한다. 조선 왕조를 망하게 만든 김조순, 김문근, 김좌근, 김병학 등이 모두 국구國舅 즉, 왕비의 아비로서 국정을 뒤흔들며 전횡을 일삼았던 탓이다. 친일파의 원조라고 간주하는 김옥균(1851~1894)이 바로 이 집안 소속이다.

김옥균은 양자다. 예전에는 아들이 없을 때, 제사를 모시기 위해 양자를 들이는 예가 많았다. 그 악명높은 이완용도 우봉 이씨 집안에 양자로 들어간 경우다.

김옥균은 1872년 21살 나이에 과거에 장원급제했다. 뭐 장동김씨이니 집안의 후광을 등에 업고 홍문관 교리 등을 지내며,

독도와 울릉도가 우리 땅이라고 주장하는 등, 상당한 민족 자주적인 태도를 견지했다.

여흥민씨 삼방파가 모든 권력을 장악하는 세도정치를 펼치자, 김옥균은 장동김씨 세도를 복권하겠다는 이상한 생각에 사로잡혔던 거로 보인다. 마침, 정말 마침, 임오군란이 터졌다.

일본은 근대적인 법과 재판 규정 등을 앞세워 조선 정부에 손해배상을 하라고 압박해왔다. 임오군란 당시 조선에 파견 가 있던 일본 공사관 등이 불에 타고, 일본 주재원과 군인 등이 죽고 다쳐 큰 해를 당한 것에 각종 사진, 그림, 그리고 증인 등을 동원해서 조선 정부에 목소리를 높였다.

김옥균은 이 무렵, 수신사라는 이름으로 일본을 방문했다. 말이 수신사지 사실상 사죄謝罪사였다. 즉 죄를 빌기 위해 일본을 방문했다. 그는 이 여행에서 후쿠자와 유키치의 융숭한 대접을 받았다.

김옥균은 이노우에 카오루(1836~1915)의 친일파 양성정책의 미끼와 유혹에 그대로 걸려든다. 야마가타 아리토모, 이토 히로부미와 함께 메이지유신 3걸로 불리는 이노우에 카오루는 매우 교활하고 '노회한 화법'의 달인으로 잘 알려져 있었다.

일본 메이지 정부는 조선에 대한 엄청난 정보력과 정무 분석력을 갖춘 터였으므로, 대對조선 정책에 친일파 양성이 필요하다는 점을 잘 알고 있었다. 이노우에 카오루는 자기 스승이자 정신적 동지인 후쿠자와 유키치(1835~1901)에게 김옥균을 위시한 조선 수신사 일행을 정신적으로 동화해 달라고 부탁한다.

후쿠자와 유키치는 일본의 엔화 화폐에 기록될 정도로 대단한 개화사상가이다. 후쿠자와 유키치, 야마가타 아리토모, 이토 히로부미, 오쿠보 도시미치, 가쓰 가이슈, 이노우에 카오루 등은 모두 난카쿠*의 선구자인 요시다 쇼인의 사숙에서 공부한 제자들이었다.

이 중 후쿠자와 유키치는 요시다의 정신적 측면을 거의 완벽하게 계승한 그야말로 청출어람 청어람의 인재였다. 요시다의 수많은 다른 제자들이 그를 숭상한 것은 자연스러운 일이다.

김옥균은 이 일 이후, "조선의 근대개혁을 위해서는 오로지 일본 도움이 필요하다"라는 신념을 굳게 다졌다. 그도 그럴 것이 그의 눈에 비친 당시 조선 현실은 청나라의 속국이었다.

위안스카이 조선 감국이 이끄는 약 3천 명의 용산 청나라 군대에 고종 부부가 꼼짝도 못 하는 참으로 딱한 처지였다. 그는 일본을 끌어다가 청나라를 물리치고 자주개혁을 이루겠다는 신념을 품게 되었다.

---

* 에도시대 기독교를 포교하지 않는다는 조건을 걸고, 네덜란드가 일본에 전수한 네덜란드 학문, 네덜란드라는 말에서 화란和蘭, 즉 란蘭이라는 말이 나왔다.

김옥균은 일본으로부터 큰 규모의 차관을 들여와 [한성순보]라는 신문까지 만들었다. 청나라는 때마침 프랑스와의 베트남 쟁탈전 때문에 재조선 청나라 병력의 절반을 차출한 터였다.

김옥균은 이때다 싶어 일본의 도움을 확신하며 거사를 일으켰다. 믿는 도끼에 발등이 제대로 찍힐 것을 조금도 예상하지 못한 채 서광범, 홍영식, 박영효, 서재필 등과 함께 1884년 12월 4일, 그 추운 겨울에 갑신정변을 일으킨다.

무려 80년 동안 장동김씨, 풍양조씨, 남양홍씨, 여흥민씨 삼방파 등의 세도勢道정치에 중앙 관직 그리고 무엇보다 지방관직을 매관매직賣官賣職해왔기 때문에 이 극심한 부정부패와 이권 카르텔을 일거에 무너뜨리는 방법이 지방행정의 전면개혁이었고, 이를 우정郵政총국이라는 우편 업무 기관을 세움으로써 그 시작을 알리려고 했다. 일본 공사관 다케조에 신이치로 공사가 이를 돕고 획책한 것은 당연한 사실이다.

여흥민씨 세도가에서 이를 가만히 지켜볼 리가 없었다. 민영환은 이완용을 앞세워 우정총국 대신에 해방영海防營이라는 기관을 설치하려 했다.

이에 김옥균은 쿠데타를 감행했고, 믿었던 일본은 한 발 빼고 방관했다. 딱 50여 시간 집권한 급진개화파는 아무런 공감대를 일으키지 못한 채 망하고 말았다.

04

1894년 7월 23일 새벽 4시
경복궁이 무너졌다

톈진조약 마지막 부분. "사건이 진정되면 곧 철수하여 다시 주둔하지 않는다."에 있었기 때문이다.

이 두 세력은 자진해서 철수해야 했다. 하지만 일본군은 그럴 마음이 털끝만큼도 없었다.

1893년부터 전국적인 세력으로 전개되었던 신흥종교 동학東學의 교세는 1894년 초, 전봉준의 무장투쟁 선언으로 조선 왕조의 기득권 카르텔 전체를 충격의 도가니로 몰아넣었다.

1864년 12월 18일 대구 관덕당 앞에서 교조 수운 최제우를 역적으로 몰아 사형에 처한 뒤, 2세 교조 해월 최시형을 잡기 위해 30년 동안 수배령을 내리고 동학이라는 교세 확장을 오롯이 폭력과 5호감시제* 등으로 다스렸으나, 조선의 동학 탄압은 실패했다. 오히려 조선 왕실에 대한 민중의 증오심을 확산시키며 고취했을 뿐이다.

청나라와 일본은 서로 조선으로 출병하기만을 기다리고 있었다. 아니 단순히 기다린 게 아니라 학수고대鶴首苦待했다는 표현이 맞을 것이다.

갑신정변이 실패로 돌아가고, 청나라와 일본은 청나라 톈진에서 조약 하나를 체결하니 그게 '톈진 조약'이다. 청나라 대표는 리훙장, 일본 대표는 이토 히로부미. 다음은 조약 내용이다. 한국의 근현대사에서 워낙 중요하니, 전문을 싣는다.

〈톈진조약 1885년 4월〉

1항. 중국은 조선에 주둔하는 군대를 철수하고, 일본국은 조선에서 공사관을 호위하던 군대를 철수한다. 서명하고 날인한 날부터 4개

---

* 천주교의 포교를 막기 위해, 조선의 19세기 순조 때부터 시행한 공포정치 중 하나, 나중에는 세금을 내지 않고 도망쳐버리는 유랑민들을 단속하기 위한 목적성까지 띠었다.

월 이내에 각기 모든 인원을 철수시킴으로써 양국 간 분쟁이 생겨날 우려를 없애고, 중국은 마산포를 통하여 철수하고 일본은 인천항을 통해서 철수할 것을 의정한다.

2항. 양국은 조선 국왕이 군사를 훈련시키도록 권고하여 자위와 치안을 유지하게 하고, 조선 국왕이 다른 나라 무관을 1명, 혹은 여러 명을 선발 고용하여 훈련을 위임받게 하되, 이후 중국과 일본 양국은 관원을 파견하여 조선에서 훈련하는 일이 없도록 상호 승인한다.

3항. 장래 조선국에 변란이나 중대한 사건이 일어나 중국과 일본 양국이나 혹은 어떤 한 나라가 파병이 필요할 때는 우선 상대국에 공문을 보내 통지해야 하며, 사건이 진정되면 곧 철수하여 다시 주둔하지 않는다.

1항부터 보자. 위안스카이의 굴욕스러운 12년 조선 감국 식민지배를 끝내버리긴 했다. 청군이 모두 철수하기로 했으니까, 갑신정변을 일으킨 급진개화파의 1차 목적은 성공한 셈이다.

일본이 갑신정변에 직접 대군을 파견해 나서지 않은 이유를 이제 알겠는가? 이때까지 그들은 청나라와의 전면전을 조금은 두려워했다고 봐야 한다. 리훙장이 직접 건조했던 청나라 '북양함대'의 존재 때문이다.

일본이 류큐제도*를 점령하자, 위기감을 느낀 청나라가 엄청난 재정을 들여 북양함대를 만들었는데, 일본은 이에 막연한 두려움을 집어먹었다. 청나라가 저 멀리 경상도의 마산을 통해 철수하고 일본은 인천을 통해 철수한다는 내용 자체가 두 나라의 충돌 위험을 최대한 멀리 떨어트려 감소시키려는 일본의 의도였다.

2항을 보면, 당시 조선이 어느 정도 외교적 위치를 차지하고 있었는지 그림이 딱 나온다. 한마디로 천하의 못난이 왕국이요. 약소국이다. 청나라와 일본이 각각 조선의 자위自衛와 치안治安에 관해 규정을 짓고 있다. 이들은 엄연히 제3자 타국이니 명백한 내정간섭인 셈이다.

자주 국가로서 마땅히 해야 할 국방과 경찰력마저도 타국에 무시당하고 간섭당한 데 국정 최고 책임자 고종은 천만번 욕을 들어먹어도 싸다. 정말 2항을 보며 곱씹으면 곱씹을수록 "아~ 그때 조선은 이미 망했구나" 하는 생각이 들어 울분을 참을 수가 없다.

3항을 보자, 기존 국사 교과서나 공무원 시험교재에 나오는 청일전쟁이 일어난 배경으로 꼭 나오는 게 저 조항이다. "청나라

---

* 일본 남쪽에 있는 오키나와 제도

와 일본이 서로 조선에 출병할 일이 있으면 한쪽이 나오면 나머지 한쪽에 통보하고 간다"라는 내용으로 소개된다. 그런데 마지막 부분에 이런 대목이 등장한다. "사건이 진정되면, 곧 철수하여 다시 주둔하지 않는다." 역사는 그 후 이렇게 진행된다.

조선국에 변란과 중대한 사건이 생기니 바로 '동학농민운동'이다. 먼저 청나라 병력을 부른다. 출병한다. 일본군도 옳다구나 싶어서 바로 인천항을 통해 조선에 간섭하기 위하여 들어온다. 동학농민군은 한양진격을 포기한다. 외세가 들어온 것에 너무 놀라기도 했거니와 무엇보다도 이 두 외세를 물러가게 할 방법은, 저 톈진조약 마지막 부분, "사건이 진정되면 곧 철수하여 다시 주둔하지 않는다."에 있었기 때문이다.

그러면, 이 두 세력은 자진해서 철수해야 했다. 하지만 일본군은 그럴 마음이 털끝만큼도 없었다. 청나라 세력은 "뭐 여기가 원래 우리 청나라 속국이야"라는 태도로 느긋했다. 동학농민군은 척양斥洋 척왜斥倭를 외치며 이를 갈면서도 2보 전진을 위한 1보 후퇴를 선택한 상황이었다.

일본군은 그냥 물러서지 않았다. 인천항을 통해 들어온 그들 병력은 무려 1만 5천 명에 달했다. 1894년 7월, 오오토리 게이스케 주한 일본 공사, 소네 아라스케 그리고 오시마 요시마사가 이끄는 일본군은 마침내 새벽을 틈타 고종이 있는 조선의 법궁法宮 경복궁景福宮의 영추문을 대포로 박살 내고 진입해 고종의 항복을 강압적으로 끌어낸다. 조선은 이 시점에 이미 망했다.

우리나라에서 가르치지 않는 부분이 바로 '일본사日本史'다. 민족 감정상 백분 이해되는 측면이 있다. 하지만 폐해가 적지 않다. 일본이 어떤 행동을 할 때, 그것이 근현대사에서 비롯된 것임을 눈치채지 못한다.

전 세계적으로 가장 성공한 19세기부터 20세기의 일본 역사를 제대로 아는 것이 이와는 반대로 실패한 시기를 보낸 우리 역사에 거울이 된다. 일본 역사를 제대로 알아야 하는 까닭이다.

05

메이지 일본의 해법, '전쟁'

그들을 단합시키기 위해, 대장 격인 사이고 다카모리가 내세웠던 대표적인 침략 사상이 '정한론征韓論'이다.
즉 우리가 섬에 만족할 것이 아니라, 사회변혁을 이룬 후, 한반도 다시 말해 조선을 치자는 것이었다.

'메이지 일본'이라 함은 일본의 메이지 천황 시대를 일컫는다. 다이쇼 시대는 메이지의 아들 다이쇼 천황을, 쇼와 시대는 다이쇼의 아들 히로히토 천황을 뜻한다. 자기네들도 천황을 황제라고 지칭하는데, 각 황제의 즉위년으로 연호를 정해 부른다.

일본의 역사는 메이지유신을 기점으로 전과 후로 나뉜다.

1868년에 시작해 1871년 중앙집권화를 완성하는 '폐번치현'을 거쳐 1873년 세금납부에 대한 법령 공포, 1877년에 발발한 '세이난 전쟁'이라는 반동反動을 거쳤다가 1889년 메이지 헌법을 공포하며 끝난 이 역사적 과정 전체(무려 21년 동안)를 '메이지유신'이라고 한다.

우리나라 역사학계는 이 메이지유신의 전체 과정을 가르치지 않는다. 그렇게 친일파가 득세하고 매국노 이완용과 친일 군인 김창룡을 비판하면 큰일 날 것처럼 득달같이 달려드는 이유가 메이지유신과 관련이 깊거늘, 도대체 왜 우리나라에서 일본의 메이지유신을 가르치지 않는 것일까? 또 무엇 때문에 1868년 딱 그 시점에 일본에서 모든 사회변혁이 완료된 것처럼 가르치는 걸까?

메이지유신을 모르니, 그 후에 나타나는 정말 놀라우리만치 뻔뻔스럽고 간특하며 잔인하기 이를 데 없는 일본 제국주의를 우리 국민이 정확히 알 리가 없는 것이다.

또 같은 시기라고 할 1868년부터 1889년까지 21년 동안 조선이 어떻게 사회를 변혁하고, 당시로서 세계화를 했는지 일본의 그것들과 비교해보면, 실망을 넘어 자괴감까지 들 것이다.

무엇보다도 이 모든 과정에서 조선 양반 관료들의 강고한 기득권 카르텔과 백성을 저버리는 행위들까지 죄다 드러나게 될 것이다. 이제 이해하시겠나? 왜 메이지유신의 전 과정을 제대로 알리지 않는지?

나라 자체의 사회변혁을 이루기 위해, 일본은 먼저 국토의 면적을 넓혔다. 혼슈, 시코쿠, 규슈, 홋카이도, 쓰시마, 오키나와, 류큐까지 섬 영토와 더 나아가 북방의 섬 사할린과 중국 남방 포르모사(오늘의 대만)까지 노렸다.

1853년에 네 척, 1854년에 아홉 척, 미 해군의 페리 제독은 검은 철선 군함들을 끌고 태평양을 건너 일본의 도쿄, 당시 에도 앞바다에서 개항과 통상조약을 요구했다. 이렇게 미·일 수호 통상조약이 1858년 7월 29일 체결되는데, 전형적인 불평등조약이었다.

일본은 네덜란드와 오래전부터 교류했던지라, 아편전쟁에서 청나라가 서양 세력에 결딴이 난 것을 잘 알고 있었다. 천황과 막부 체제가 행정 권력상 강력하지도 못하고, 고도의 중앙집권화를 이루지 못하던 일본으로서는 낡은 도쿠가와 막부의 국방력을 가지고는 도저히 서구열강들을 상대하기가 어렵다고 보았다.

그들은 싸우지 않고 그저 납작 엎드렸다. 미국은 치외법권 최혜국 대우, 무관세 등 온갖 불평등으로 가득 찬 조약요구서를 내밀었다. 조약은 밀고 당기는 과정 없이 그냥 체결된다.

중앙집권화되지 않은, 고도의 기득권 카르텔에 불과한 도쿠가와 바쿠후는 백성들에 대한 국가 의식 같은 건 전혀 없었기 때문에 이처럼 무책임한 짓을 저질렀다.

열도 저 남쪽 규슈섬의 사쯔마와 히젠, 혼슈섬의 조슈, 시코쿠섬의 도사 등 각 번藩들은 강력하게 저항한다.

주로 남쪽에 있어 일찍부터 오키나와, 류큐 등을 사탕수수 식민지를 만들어 포르투갈과 네덜란드 등과 국제교역을 해왔던 이들은 도쿠가와 바쿠후가 일방적으로, 무기력하게 미국에 무릎을 꿇고 어찌 그렇게 불평등하게 조약을 체결했는지 도저히 이해할 수가 없었다.

자신들은 온갖 수모를 겪으며 고생 또 고생 영국, 러시아, 포르투갈, 네덜란드 등과 어떡하면 사탕수수 및 어패류를 평등하게 교역할 수 있을지 고민하고 행동에 옮겨왔다. 그들은 어처구니없는 결정을 내린 바쿠후에 계속 복종해야 할지 고민했다. '저 도쿠가와 바쿠후를 군사로 엎어버려야겠다. 그런 불평등조약에 절대로 따를 수 없다' 같은 생각을 당연히 하게 되었을 것이다.

도사 번 출신의 사카모토 료마(1836~1867)가 이런 생각을 실천으로 옮긴 대표적인 인물이다. 이때는 아직 공군이라는 존재가 없을 때이니, 부국강병의 목표는 자연스럽게 강력한 해군력을 구축하자는 주장으로 귀결되었다.

도쿠가와 바쿠후를 몰아내자는 도막倒幕 세력, 천황을 중심으로 뭉쳐 외세를 쫓아내자는 존황양이尊皇攘夷-일본어 손노조이-파들이 일본에 속속들이 등장했다.

전국 각지에서 일어나는 바람에 단합은 상당히 어려웠는데,

그들을 단합시키기 위해, 대장 격인 사이고 다카모리가 내세웠던 대표적인 침략 사상이 '정한론征韓論'이다. 즉 우리가 섬에 만족할 것이 아니라, 사회변혁을 이룬 후, 한반도 그러니까 조선을 치자는 것이었다.

후일 사이고 다카모리는 세이난 전쟁에서 비참하게 죽어버리지만, 그 뒤를 차지한 조슈 번은 이 정한론만은 승계해서 밀고 나간다. 권력의 정점을 누가 차지하느냐를 가지고 자기들끼리는 계속 싸웠지만, 그들만의 기득권 카르텔인 한바쯔(사쯔마, 조슈, 히젠, 도사만의 권력 독점 -자민당 160년 독재-)는 위세를 떨치며 현재에 이르고 있다.

그들은 똘똘 뭉쳐 저 멀리 도요토미 히데요시 정권부터 형성된 오래된 국가 이념인 '정한론'을 현실판으로 옮겼다. 그 역사는 지금도 독도를 자기네 영토라고 도발함으로써 여전히 반복되고 있다.

2

처절하게 살아남는 메이지 일본

01

한반도 정벌론

메이지 일본을 알기 위해서는 메이지 헌법부터 파악해야 한다. 그 메이지 일본을 하나로 단합시키기 위해서 "한반도를 정벌하자"라는 정치 선동이 얼마나 효과적이었던지를 이해해야 한다.

메이지 천황은 1852년에 태어나 1912년 한여름에 죽었다. 열다섯 살인 1867년에 시작해서 죽을 때까지 천황에 재위했다. 그 아들 다이쇼 천황은 1879년에 태어나 1912년에 천황에 올라 1926년에 죽었다. 또 그 아들 히로히토는 1901년 태어나 1926년 재위에 올라 '쇼와'라는 연호를 쓰다가 1989년에 죽었다.

이 중 메이지의 천황 시절에 대한민국에 좋지 않은 거의 모든 일이 일어났다. 신미양요, 강화도 조약, 임오군란, 갑신정변, 동학농민전쟁, 경복궁 범궐, 청일전쟁, 러일전쟁, 을사늑약, 헤이그 밀사 사건, 무엇보다도 경술국치가 일어났다. 대만이 식민지로 전락한 것도 이 메이지 때다.

근대 일본을 확립한 것이 메이지유신이니, 필자는 그의 이름을 딴 데 저절로 분노가 치민다. 그 이후, 다이쇼는 식민지에 대한 무장헌병통치체제를 확립하고 3·1운동을 폭력적으로 진압했다. 관동대지진 때 수많은 조선인과 다른 식민지 이주노동자들을 그토록 잔인하게 학살하도록 지시하기도 했다.

조선과 대만의 수많은 친일파를 양성토록 위장 문화통치를 시행하고, 만주와 러시아 지역에 우리 독립운동가와 이주민들을 대량으로 학살하는 등의 만행을 저질렀다.

다이쇼 본인이 정신적으로 문제가 있었다든가, 몸이 늘 안 좋아서 실질적으로는 권력이 없었다든지 하는 말들은 저지른 죄과와 침략주의에 비춰 말도 안 되는 변명이라고 생각한다.

1926년부터의 히로히토의 죄과는 조금씩 요약해서 잇따른 단락마다 후술하기로 한다. 무지막지해서 상세하게 적으려면 이 책 한 권으로는 어림도 없다.

메이지 일본을 알기 위해서는 메이지 헌법부터 파악해야 한다. 그리고 그 메이지 일본을 하나로 단합시키기 위해서 "한반도를 정벌하자"라는 정치 선동이 얼마나 효과적이었던지를 이해해야 한다.

페리 제독이 함선을 몰고 와서 개항과 통상을 협박했을 때, 사면이 바다로 둘러싸인 섬이라는 지리적 한계에 가슴이 저몄을 것이다. '누구든 바다를 봉쇄해버리면 일본은 꼼짝없이 아사餓死할 운명에 처할 것이다. 육지로 진출해야 한다. 그 대상은? 조선이 딱 안성맞춤 아닌가.'

메이지가 천황으로 즉위하고, 유신維新을 단행하며, 미국, 영국, 러시아의 요구를 받아들여 근대헌법을 만들어 공포했다. 그게 메이지 헌법이다. 그 헌법의 기조대로 근대 일본이라는 국가를 조직하고 시스템으로 움직이게 만들어야 한다. 그렇다면, 일본의 모든 침략행위 역시 이 헌법에 근거해서 수행되었다고 봐야 한다. 한번 살펴보자.

〈메이지 헌법: 대일본제국 헌법 침략전쟁 근거 조항 발췌〉

제7조
천황은 제국의회를 소집하고, 개회, 폐회, 정회 및 중의원의 해산을 명령한다.
제8조 1항
천황은 공공의 안전을 지키거나 재난을 피하기 위해 긴급필요에 따

라 제국의회 폐회의 경우에 있어서 법률을 대신한 칙령을 발한다.

제11조

천황은 육해군을 통수한다.

제13조

천황은 전쟁을 선언하고 강화하며 아울러 제반 조약을 체결한다.

메이지 천황에게 거의 모든 권한을 주고 '천황의 이름'으로 유신 세력들이 전권을 휘두를 수 있도록 설계되었다. 이 메이지 일본의 침략 야욕은 1894년 3월 28일 원조 친일파 김옥균이 상하이 동화양행에서 고종이 보낸 자객 홍종우에게 암살되면서 구체화된다.

이 사건은 일본에서 큰 정치적 이슈였다. 10년 전 갑신정변의 주역이자 일본을 믿고 쿠데타를 일으키려던 이 김옥균을 10년간 보호한 것은 일본 메이지유신 세력이었다. 그들은 21년간 각종 개혁을 통해 근대 일본을 주창했다.

김옥균은 일본 여성과 동거하기까지 하면서 친일파 행세를 하다가, 중국의 리훙장을 만나 조선 정권을 탈취하기 위해 교섭차 상하이로 옮겨갔다. 이 틈을 놓치지 않고 홍종우가 거사를 단행한 것이다.

일본 국회는 당시 총리대신이던 이토 히로부미 내각을 해산할 계획을 세운다. 도대체 김옥균을 지키지 않고 뭣 하고 있었느냐는 책임론이었다. 이토는 1868년 메이지유신 선포 이래로 1894년까지 모든 사회변혁을 책임지고 설계하고 실행한 총괄 지휘자나 다름없었다. 그러나 그에겐 그만큼의 정적政敵들이 즐비했다. 가장 대표적인 인물이 야마가타 아리토모다.

이토는 이 위기를 조선 침략으로 돌파하려고 했다. 그에게는 세 명의 아주 충실한 행동대장들이 있었으니 데라우치 마사다케, 소네 아라스케, 오시마 요시마사가 그들이다. 이 중 오시마 요시마사는 일본의 전 총리 아베 신조의 증조할아버지이므로 한국과는 철천지원수 간이다.

메이지 헌법에 따라 국회를 해산한 뒤 천황의 명으로 전쟁을 선포한 데 이어 히로시마에 대본영을 설치했다. 이 대본영은 1945년 9월 13일에 철폐되었으니, 오로지 조선 침략을 위해서 만들었다고 볼 수 있다. 조선 침략이야말로 일본 제국주의의 처음이자 본래 목적이었다고 해도 지나친 말은 아니다.

메이지 일본은 오직 "전쟁! 전쟁! 전쟁!"이었다. 그들은 타이완, 조선, 청나라, 러시아, 중화민국, 동남아시아 전역, 남태평양, 결국 미국과 영국 등 서구열강까지도 공격했다.

청나라 격파

혹시라도 청나라의 비위를 건드렸을까 봐 전전긍긍하던 그때 그 일본인 줄로만 알았던 청나라 사람들은 기선을 제압당해 그때부터 연전연패한다.

조선을 식민지로 만들기 위해서는 '청나라'라는 기존의 벽을 넘어야 했다. 병자호란, 1637년 2월 삼전도 굴욕을 겪은 후로 조선은 청나라를 사대했다. 식민지는 아니지만, 종주국으로 섬기고 조공무역을 했다. 더욱이 1882년부터는 감국 체제, 즉 근대 국제법상 속국의 개념으로 청나라를 섬겼다. 위안스카이의 존재와 3천 명의 완전 무장 병사들이 그 상징이다.

만약 일본이 청나라와 한판 맞짱을 뜬다면, 그 전쟁터는 당연히 조선이고 한반도이다. 또한 청나라의 북양함대와도 일전을 겨루어야 한다. 육군은 그렇다 치고 해군은 준비되어 있을까? 일본은 일단 조선 수도 한양의 경복궁을 점령하고 고종은 바로 항복해버린다. 우리 임금은 왜 저항하지 않았을까?

답은 간단하다. 어떤 자료도 없지만, 그 당시 갖은 행패를 부리던 청나라를 일본의 힘을 빌려 쫓아버리고 싶었을 것이다. 조선 감국 위안스카이의 만행을 오롯이 받아내고 있던 고종이기에 그 욕구는 더욱더 컸을 터다. '설마 일본이 우리(고종 자신 및 여흥민씨 삼방파 등 세도가문 이권 카르텔)에게 뭔 짓이야 하겠어? 지난 3월에 김옥균을 처형하고 부관참시까지 했으니 내 진심이야 전달되었겠지 뭐'라고 생각하지 않았을까.

이 어리석은 고종의 생각 때문에, 그 멍청한 여흥민씨 삼방파 세도가문 때문에, 조선의 법궁 경복궁은 일본 군인들에게 먹잇감이 되고 말았다.

문제는 그다음에 터졌다. 톈진 조약상 조선에서의 긴급상황이 끝났으므로 주둔하지 않고 조용히 철수할 줄 알았던 청·일 양측 군대가 서해안의 풍도에서 해전을 시작한 것.

고종은 어찌 그리 어리석었을까. 청나라 리훙장은 또 얼마나 일본을 만만하게 보았던가! 과거 북양함대 일부를 이끌고 일본을 방문해 위력 시위를 했을 때, 청나라 수병들과 일본군 사이에 폭력 사태가 벌어졌던 적이 있다. 혹시라도 청나라의 비위를 건드렸을까 봐 전전긍긍하던 그때 그 일본인 줄로만 알았던 청나라 사람들은 기선을 제압당해 그때부터 연전연패했다.

일본은 7월 25일부터 풍도 해전에서 첫 전투 승리, 충청남도 성환에서 청나라 육군과의 두 번째 승리, 9월 17일에 평양 교전에서 청나라군대 1만 4천여 명을 무찔러 격파했다.

일본은 중국 본토로 진격했다. 이 진격을 담당한 것이 바로 오시마 요시마사다. 경복궁 범궐 당시 고종을 붙잡아 관자놀이에 총을 대고 항복하라고 협박하던 그 민족의 원수가 다시 평택, 성환, 한양, 평양 등 우리 국토를 전쟁터로 삼아 일본군 병참기지로 만들더니, 압록강을 넘어 청나라 땅으로 올라간 것이다.

한편, 해군은 9월 17일 그 결정적인 황해 해전을 통해 청나라를 벼랑 끝으로 몰아버린다. 바로 리훙장이 세계 최강이라고 자랑하던 북양함대가 거의 전멸상태로 몰린 것이다.

일본군은 10월 하순에 압록강을 건너 만주 관전현으로 진격하더니, 또다시 제2군은 랴오둥(요동)반도의 뤼순(여순) 다롄을 점령하고 반도 전체를 점령하기 위해 위로 위로 올라갔다.

해군은 1895년 2월 산둥반도의 웨이하이웨이(위해위威海衛)를 점령하고 금문도를 총공격해 차지했다.(이 때문에 지금도 중국해군의 본부가 여기에 있다. 그들의 구호는 '勿忘 금문도' 즉 '금문도 패배의 치욕을 잊지 말자'이다.)

이때 청나라 북양함대 해군 제독 정여창은 다량의 아편을 깨물어 패전의 책임을 지고 자살했다. 대포는 일본 군함을 조준해서 쐈으나, 서태후 정권의 부정부패로 포탄은 탄약이 아닌 나무 덩어리, 혹은 진흙 덩어리였다.

오시마 요시마사가 정여창의 분전과 억울함을 알아차리고 항복하고 망명하라며 강력히 권했으나 정여창은 비웃음으로 화답했다고 한다. 그는 끝까지 청나라에 충성을 바쳤다.

11월 하순 뤼순을 점령한 일본군은 청나라 백성들을 대상으로 상상도 할 수 없는 끔찍한 짓을 저지르기 시작한다. 생각보다 전투와 희생을 덜 치르고 그 중요한 군사 요충지 뤼순을 차지한 일본군은 짐을 싸서 피란 중인 피난민들에게 "피난 가지 말고 그대로 생업에 종사하라, 그러면 다 살려주고 무사할 것이다. 우리 그렇게 나쁜 사람들 아니다."라며 회유했다. 다 살려주겠다는데 정든 고향 버리고 싶은 사람이 누가 있겠나.

그렇게 주저앉기 시작해 모두 다시 돌아올 때까지 기다린 일본군은 피란민 약 2만 5천 명을 모조리 총에 단 검으로 죽였다. 일찍이 경험해보지 못한 민간인 대학살이다.

왜 이런 짓을 저질렀는지는 많은 역사학자가 이런저런 학설을 내놓고 있다. '너무 쉽게 점령한 곳이라, 혹시 모를 역습과 기습이 걱정되어서 그랬다'는 설이 가장 설득력이 높다. 이를 역사 속에서는 '뤼순 대학살'이라고 부른다. 물론 우리나라 공식 역사

책에는 이런 사실이 기록되어 있지 않다.

당시 조선도 엄청난 대학살이 비슷한 시기, 아니, 거의 같은 날짜에 벌어졌기 때문에 이를 싣느라 뤼순 대학살을 전혀 언급하지 않고 있다. 그 사건에 관해서는 3부에서 다룰 것이니 분노의 화살을 이쪽으로 계속 겨누고 흐트러트리지 말자.

1895년 3월 중순, 전쟁이 청나라 패배로 귀결될 게 뻔해지니까 청나라는 리훙장을 강화회담의 대표로 임명하고 회담 장소도 시모노세키로 바꾸었다. 리훙장은 저격으로 죽을 뻔한 고비도 있었지만, 조약은 성사된다.

청나라는 조선에서 완전 손 떼고 물러나는 것은 물론, 전쟁 배상금으로 은銀 2억 냥을 주고도 모자라, 랴오둥반도·대만·펑후열도 등을 일본에 할양한다고 서약했다. 청나라의 국운은 이때 결정적으로 쇠락했다.

니콜라이와 오쓰 사건
러시아 vs 메이지 일본
1라운드

> 국제정치학계와 서양 사학계에서는 19세기부터 20세기까지의 청일전쟁, 러일전쟁, 을사늑약, 더 나아가 경술국치까지 모두 이 그레이트 게임의 연장선에서 벌어진 사건으로 다룰 정도다.

이때 러시아제국의 왕조 이름은 '로마노프'였다. 왕의 성씨가 로마노프다. 이 왕조 황제 명칭을 '차르'라고 불렀다. 아버지인 알렉상드르 3세를 이은 니콜라이 2세가 마지막 차르다.

　니콜라이는 1868년에 태어나 1918년 7월 17일에 러시아 혁명군 볼셰비키에 의해 총살당했다. 온 가족이 카잔이라는 도시

▶ 마지막 차르, 니콜라이 2세

의 지하 밀실에서 한날한시에 죽었다.

　러시아혁명이 일어난 근본 원인은 황제정 러시아의 자체 모순이지만, 몰락에 방아쇠를 당긴 것은 메이지 일본과의 관계에서 비롯됐다고 해도 과언이 아니다.

　우리는 20세기 초에 벌어진 러일전쟁에 관한 여러 사실을 비교적 잘 알지만, 그 이전에 19세기에 양국 간에 어떤 일이 벌어졌는지는 거의 모른다.

　'오쓰 사건'을 들어봤는가. 1891년 5월 11일, 메이지 일본을 방문하던 러시아 로마노프 왕조의 황태자 니콜라이가 일본의

'오쓰'라는 시에서 경찰관 쓰다 신조에게 칼로 피습당하는 사고가 발생했다. 칼이 조금만 더 들어갔더라면, 니콜라이 황태자는 바로 저세상으로 갔을 것이다.

암살사건으로 비화됐다면 최초의 세계대전이 동방의 일본에서 벌어졌을 수도 있을 정도로 세계사적 파급력을 가질 뻔한 이 사건은 천만다행으로 어물쩍 넘어갔다.

우리 국민 중 얼마나 이 사건을 알고 있을까. 다른 이유는 없다. 교단(중고등학교)과 강단(대학교, 대학원)에서 가르치지 않기 때문이다. 일본은 그 당시 분명히 약소국이었다. 반대로 러시아는 세계 최강으로 인식되었다. 그도 그럴 것이 19세기 내내 전 세계는 영국의 해양 세력과 러시아의 대륙 세력 간 계속되는 전쟁 즉, '더 그레이트 게임The Great Game'이라는 냉전의 소용돌이에 있었다.

1813년 러시아와 페르시아의 조약성립기부터 1907년 영국과 러시아의 협상 성공에 이르기까지 무려 94년여 동안, 러시아와 영국이 각자의 국익을 쟁취하기 위해, 또 상대방의 국익 성취를 저지하기 위해 대결을 벌였다.

국제정치학계와 서양 사학계에서는 우리의 19세기부터 20세기까지 청일전쟁, 러일전쟁, 을사늑약, 더 나아가 경술국치까지 모두 이 그레이트 게임의 연장선에서 벌어진 사건으로 다루기도 한다. 그만큼 세계 패권 경쟁이라는 측면의 이 그레이트 게임은 반드시 알아야 한다.

19세기 내내 영국과 러시아가 패권 경쟁을 했고, 20세기 초 중반에는 독일과 이탈리아에 이어 스페인·포르투갈·일본이 전체주의 즉 파시즘을 이뤄 영국·프랑스·러시아 그리고 새 강대국인 미국과 패권 경쟁을 벌였다. 1945년 이후에는 미국과 러시아가 이른바 냉전Cold War을 치렀으며, 21세기 이후 지금까지는 미국과 중국이 이른바 G2로써 미·중 무역전쟁을 벌이고 있다.

강대국은 전쟁으로 자국의 이익을 쟁취하고 존재감을 부각한다. 19세기로부터의 역사 전개가 이 잔인한 국제 논리의 증명이었다. 일본의 메이지유신 세력들은 이를 대단히 잘 파악하고 있었다.

1891년까지만 하더라도, 일본이 청나라나 러시아에 군사적으로 정면승부를 걸게 될 줄은 상상조차 하기 어려웠을 것이다. 이런 상황에서 그리스의 왕자 요르요스가 일본을 방문했다. 배 만드는 조선업에서 요르요스의 협조가 정말 필요했던 일본은 그에게 최고의 서비스를 제공한다.

블라디보스토크라는 러시아 극동함대를 건설하고, 더 나아가, 러시아의 시베리아철도를 모스크바로부터 블라디보스토크까지 건설하는 기공起工식을 모스크바와 블라디보스토크 양쪽에서 가져야 하기에, 모스크바에서는 차르 알렉상드르 3세가, 블라디보스토크에서는 황태자 니콜라이가 말 그대로 "요이 땅!"을 외치려고, 중간 기착지인 고베 항구를 거쳐 교토로 향하고 있었다.

사가현 오쓰 마을을 지나던 5월 11일, 니콜라이의 인력거 주변에서 호위를 담당하던 쓰다 산조라는 경찰관이 갑자기 칼을 휘둘렀다. 아무 배경도 없는 정신병적 행동이었다.

위에서 언급했지만 니콜라이는 죽지만 않았지 큰 상처를 입었다. 메이지 천황은 그다음 날 교토에 도착한다. 병원 출입을 거절당하며 하루 더 발을 동동거리다가 13일에야 병문안을 할 수 있었다. 하지만 니콜라이 일행은 모든 방일 일정을 중단하고, 5월 20일에 블라디보스토크로 돌아가 버렸다.

전 일본이 러시아에 싹싹 빌었다. 사과의 의미로 한 일본 여성이 자결하는 소동까지 벌어졌다. 쓰다 산조는 감옥에 가둬 가혹하게 대한 끝에 그해에 병사했다.

다행스럽게도 전쟁은 벌어지지 않았으나, 나중에 러일전쟁이 터지고, 1차 세계대전이 사라예보의 페르디난트 오스트리아 황태자 피습암살 사건을 기화로 벌어지자, 이 오쓰 사건은 두고두고 인구에 회자되었다.

우리 국민은 이런 사실을 모른다. 필자 또한 마찬가지이긴 했다. 필자가 이 사실史實과 함께 19세기 영·러 패권 경쟁에 대해서 나름대로 파악하게 된 때는 부끄럽게도 30대 후반이었다.

대영제국의 아시아 대리인

도사 번 출신의 그 유명한 사카모토 료마(1836~1867)는 사쯔마 조슈의 삿쵸 동맹(1866.3.7)을 결행해 적극적으로 영국과 동맹을 맺어, 러시아 세력을 극동에서 견제하는 영국의 대리인代理人으로 메이지 일본을 만들어간다.

앞 장에서 영국과 러시아의 세계 패권 경쟁, 즉 그레이트 게임에 관해서 쓴 이유는 영국이 일본을 대상으로 도대체 어떤 행동을 했는지 이해를 돕기 위해서이다.

　그레이트 게임의 목적은 간단하다. 대륙에서 바다로 나오려고 애쓰는 러시아를 상상하면 된다. 부동항을 얻고자 사활을 거는 한쪽과, 이를 저지하고 전 세계 제해권을 독점하려는 다른 한쪽, 영국 해양 세력 대 러시아 대륙 세력 간 힘 싸움이다.

러시아는 첫 번째, 이란 지역에서 호르무즈 해협 쪽으로 진출하려고 했다. 두 번째, 흑해 지역에서 우크라이나를 거쳐 크리미아반도 얄타 지역으로 발돋움하고자 했다. 세 번째, 아프가니스탄을 쳐서 지금의 파키스탄 카라치 지역으로 나와 인도양으로 뻗어 나오려고 했다.

러시아제국이 계속 발전을 도모하려면 국제무역은 필수였다. 북쪽의 러시아는 10월 말이 되면 바다 자체가 얼어버린다. 해빙은 이듬해 4월이 되어야 가능하니 1년 동안 6개월이나 무역이 중단된다.

눈보라와 동토凍土가 되는 추운 날씨 때문에 육로 무역도 불가능하다. 언 땅이 녹으면 완전 진흙탕, 러시아어로는 '라스푸티차'라고 부르는 깊은 진흙 늪이 형성되므로 이 역시도 3월에서 5월 사이에 나타나는 국제 무역 방해 요소이다. 영국은 이 같은 러시아의 약점을 놓칠 리 없었다.

영국은 우선 러시아에 아마포라는 직물을 수출 금지한다. 이는 배의 돛대와 닻의 강력한 수직 끈을 만드는 주재료였다. 러시아가 범선을 제조하지 못하게 해 필연적으로 해군력을 키울 수 없게 하는 잔인한 조치였다.

영국은 상술上述한 러시아의 첫째, 둘째, 셋째 해양 진출 시도 역시 이란과 중동을 사실상 속국화하고, 파키스탄과 아프가니스탄 지역을 침략해 오랜 전쟁을 벌이며 마침내 식민지로 삼고, 프랑스와 연합해 크리미아 전쟁을 일으켜 러시아의 흑해 침탈 욕구까지 저지하는 데 성공한다.

꺾이지 않는 러시아의 다음 목표는 극동의 블라디보스토크였다. 사실 유럽 발트해의 칼리닌그라드(옛 이름 쾨니히스베르크) 하나를 부동항으로 확보했지만, 그 항구 하나로 어떻게 만족할 수 있으랴. 러시아는 더 많은 부동항을 얻고자 기회를 노렸다. 러시아가 차디찬 시베리아와 바이칼 호수를 넘어 청나라로부터 오호츠크해와 연해주를 획득한 것은 영국과의 그레이트 게임의 하나로 해석하는 것이 설득력이 있다.

러시아는 청나라, 조선 그리고 일본에까지 영향을 미치려고 했다. 당연히 영국은 저 멀리 극동까지 군대와 함대를 보내 이러한 러시아를 저지하려고 했다. 러시아는 원산 항구, 부산·마산 항구, 그리고 청나라의 랴오둥반도의 뤼순, 다롄 항구까지 차지하려고 욕심을 냈다.

1885년 4월 15일 영국은 한반도 남쪽에 있는 거문도에 군함을 보내 점령한다. 이 점령사태는 1887년 2월까지 지속되었다. 이미 1845년에 거문도를 자기들 맘대로 '해밀턴섬'이라고 부르면서 다녀갔던 영국이었다. 1854년, 이에 대응해 또다시 측량과 주민 면담을 실시한 러시아이기에 일촉즉발의 위기 상황은 세계적인 관심을 끌기에 충분했다.

이러한 조선의 위기에 22년이나 앞서 영국은 일본의 사쯔마(지금의 가고시마 현) 그리고 조슈(지금의 야마구치 현) 두 강력한 해양 무역 기지인 번들과 전쟁을 벌였다.

사쯔마 세력은 예전부터 오키나와 류큐제도 지역에 사탕수수 농장을 마치 플랜테이션 개념으로 운영하면서, 그 작은 섬 주민들을 식민지 노예처럼 부린 폭력적인 사람들이었다.

사쯔마 번은 에도 막부가 1853년 미국 페리 제독에게 맥없이 무너진 것과는 다른 역사적 전개 양상을 보여준다.

사쯔마는 영국 해군과의 첫 번째 접촉에서 자기네 다이묘의 행렬에 무례하게 굴었다는 이유로 영국 해군을 공격해 1명을 죽이고, 2명에게 중상을 입혔다. 에도 막부는 이 사건으로 영국에 설설 기었지만, 사쯔마는 양이攘夷 즉, '외국인은 모두 오랑캐'라는 주장을 펼치는 자들이 워낙 많아서, 1863년 8월 15일 마침내 한판 해전을 벌이게 되었다.

3일간 벌어진 이 전쟁에서 사쯔마가 엄청난 해를 입으며 영국이 이긴 게 맞는데, 영국 해군이 일찍 퇴각했다는 점을 두고 "천하무적 영국 해군이 패퇴했다"라는 엉뚱한 소문이 퍼져나가게 된다.

참고로 이 전쟁에는 나중에 메이지유신의 주역이 되는 오오쿠보 도시미치와 러일전쟁의 영웅이 되는 도고 헤이하치로가 참전해서 싸웠다.

사쯔마의 메이지유신 연합 주동 세력인 조슈 번은 이에 자극을 받은 듯, 영국만 상대한 게 아니었다. 처음엔 미 해군, 그다음엔 네덜란드 해군, 또 그다음엔 프랑스 해군과 싸웠다. 영국과의 대결은 맨 마지막이었다.

일본 열도 중 혼슈 섬 최남단이자, 규슈 섬과의 경계선에 있던 시모노세키를 소유한 조슈 번은 혼슈와 규슈를 모두 지배하고자 했다. 그러기에 당연히 호전적이었는데, 영국과 규슈의 사쯔마가 이 야욕을 분쇄해버린다.

먼저 영국과 싸워봐 그 위력을 알게 된 사쯔마는 서양 오랑캐를 물리치자는 양이攘夷파를 죄다 숙청한다. 영국 해군을 배우고, 수입하고, 그 문화를 따라 하자는 쪽으로 옮겨갔기에, 조슈처럼 철없이 달려들지는 않았다.

여기서 히젠 번과 도사 번이라는 사쯔마, 조슈 양 번 간의 중재자 역할을 한 번들이 나온다. 도사 번 출신의 그 유명한 사카모토 료마(1836~1867)는 조슈를 정벌하려는 에도 막부의 시도를 막고, 사쯔마, 조슈의 삿쵸 동맹(1866. 3. 7)을 결행해 적극적으로 영국과 동맹을 맺어, 러시아 세력을 극동에서 견제하는 영국의 대리인代理人으로 메이지 일본을 만들어간다.

미·일 혈맹의 탄생
미국 vs 메이지 일본
1라운드

> 조선을 식민지로 삼고 만주와 사할린섬으로까지 진출을 도모하
> 는 것이 비슷한 시기에 비슷한 현상으로 마치 수레의 두 바퀴처럼
> 미국과 일본에서 전개된다.

미국은 일본과 2차 세계대전 때 태평양 서쪽 전역에서 붙었다.
하와이를 기준으로 서쪽, 즉 우리나라, 동남아시아, 호주 쪽을 말
한다. 북쪽으로는 알래스카에서도 공군기끼리 부딪쳤다.

　미국은 대대적인 서부 개척 이후, 북으로 시애틀·포틀랜드·
샌프란시스코·로스앤젤레스·샌디에이고 등의 대도시를 개발하
기 위해서 필연적으로 태평양 그 망망대해로 진출해야만 했다.

하와이를 병합(1897)하기도 훨씬 전에 일본부터 들어가 개항을 요구한 까닭이 여기에 있다.

1852년과 1853년의 소위 쿠로후네(흑선黑線) 사건의 충격은 일본 역사에서 봉건시대와 근현대를 나누는 기점이 될 정도로 컸다.

미국은 페리 제독 사건 한 참 후인, 1861년 4월부터 1865년 5월까지 남북전쟁을 통해서 오늘날의 최강대국 미국을 건설하는 토대를 쌓았다. 그리고 그 중간시점인 1863년에서 6년여의 대공사를 거쳐 1869년에 일차적으로 태평양의 캘리포니아에서 북미 대륙 한가운데인 네브래스카 오마하까지 구간을 완공한다.

메이지 일본과 미국의 근현대사는 마치 수레의 두 바퀴처럼 비슷한 시기에 비슷한 현상으로 같이 발전하는 것처럼 보인다. 미국은 뚝 뚝 떨어져 있던 각 주state를 합치기 위해 남북전쟁을 벌이고, 서부 대개척 시대가 열리며 대륙횡단철도를 건설했다. 또 다른 나라를 폭력적으로 침략해서 개항과 통상을 요구했다.

일본은 사쯔마가 오키나와 류큐를 식민지로 삼고 더불어 미국이 하와이를 식민지로 삼는 시기와 비슷하게 타이완섬을 강탈한다. 전前 도쿠가와 막부의 느슨한 통치체제와 메이지유신의 혁명성에 반동 세력으로 일으킨 세이난 전쟁을 거치며 1868년부터 1889년까지 메이지유신이 계속되면서 일본 전역에 철도가 깔리고, 자연스럽게 철강업과 무역업이 부상했다. 또 청일전쟁과 러일전쟁을 일으키며, 조선을 식민지로 삼고 만주와 사할린섬으로 진출을 도모하려 했다. 어쩜 두 나라가 이렇게 닮았는지 놀라울 뿐이다.

경제면에서도 그렇다. 필자도 이 책을 집필하면서 새롭게 와 닿은 사실이다. 일본의 재벌, 하면 뭐가 떠오르는가? 바로 미쓰이와 미쓰비시다. 미쓰이 물산은 에도시대의 지금 동경지역에서 옷가게를 운영하던 한 상인으로부터 시작된다. 미쓰비시는 일본이 타이완과 류큐 등의 해양 세력을 집중적으로 육성하면서, 토사 번 출신의 이와사키 야타로가 창립해 오늘날까지 엄청난 재벌집단을 형성하고 있다.

하나를 더 들자면, 스미토모가 있다. 스미토모 은행 빼고 정부와 기업끼리 주로 거래한 까닭에 미쓰이와 미쓰비시보다는 좀 덜 알려졌을 뿐, 저 옛날 에도시대부터 구리 제련을 통해 금속·화학·유리·고무와 관련해서는 최고의 기업으로 성장해 오늘날에 이르고 있다. 그 유명한 산요 전기, 파나소닉과 야마하 그리고 아사히신문 등도 이 스미토모가 대규모로 투자했거나 주주 관계를 맺고 있다. 대표적인 일제강점기 전범 기업 니폰제철이 이 스미토모 계열사이다.

미쓰이, 미쓰비시, 스미토모 3대 재벌은 모두 오랜 역사를 내세우지만, 이는 각자의 기업홍보 책자에나 기록되는 이야기일 뿐이고, 실상은 하나같이 미국 페리 제독의 쿠로후네 사건과 메이지유신 과정에서 대대적으로 키워지고 홍보된 정권 차원의 독과점 기업들이라는 점이다.

이들의 문어발 같은 성장이야말로, 메이지유신을 대변하는 한바쯔(사쯔마, 조슈, 토사, 히젠)의 '정경유착政經癒着의 전형典型'이라고 할 만하다.

미국도 마찬가지다. 오늘날 미국은 자본주의 최강대국으로 자유로운 기업이 주도하는 경제시스템을 갖추고 있다. 그들의 최강기업 면면을 보면, 록펠러(석유왕), 카네기(철강왕), 밴더빌트(철도왕), 제이피모건(금융왕), 헨리포드(자동차왕) 이렇게 5명이 꼽힌다. 모두 19세기 후반부터 20세기 초반까지의 세계 최고 재벌이다. 각 재벌이 특정 분야의 산업 발전과 정경유착을 통해 독과점 기업으로 성장했다. 일본과 똑같다. 우스갯소리로 "무엇이 무엇이 똑같을까 젓가락 두 짝이 똑같아요(윤석중 작곡)"라는 노랫말이 절로 나온다.

일본과 미국은 정치·경제에서 대외정책이나 기업정책 등이 놀랍도록 그 시기, 과정, 구체적인 결과물에서 닮아있다. 이는 양 나라 사이에 엄청난 투자가 이루어졌음을 의미한다.

1868년 메이지유신 시작부터 1932년 만주국 수립 때까지 미국과 일본은 정말 긴밀한 관계였다. 모든 사회 분야에서 척척 호흡을 맞춰 서로 투자하고 인재도 교류했다. 이 역사적 상황을 책을 쓰면서 이제야 알아채다니, 이제라도 알았으니 다행이라고 해야 하나?

만주를 놓고 서로 경쟁한 것은 20세기 초부터다. 이토 히로부미가 1909년 10월 25에서 26일 아침 사이에 후일 러시아 수상이 되는 재무상 코코프체프와 열차 회담을 한 주요 이유 중 하나가 미국의 록펠러 등 자본이 만주에 투자되는 것을 우려한 데 있다. 만약 만주가 미국 땅이 되면 어떡하나 싶어서 러시아와 공동으로 대응하자고 할 정도였다. 이렇듯, 미국이 태평양에 진출하며, 강대국으로 발돋움할 때 그 파트너는 메이지 일본이었다.

3

도탄에 빠진 민중, 탐욕에 눈먼 지배층

01

매국노 이완용과
조국을 위한 충신 서재필의
정동 대결 1부

> 이는 지방관직 제도에서 왕명이나 중앙 관료의 명령이 서원이나 지방 유림을 거치지 않고 직접 가게끔 개혁하는 것. 세도가 문벌 가문 노론에 의해 좌절된 흥선대원군의 서원철폐 조치를 혁명적으로 계승하려고 한 것이다.

만약 필자가 1880년경에 과거시험에 합격해서 조선의 벼슬아치가 됐다면, 어떤 정치적 견해를 가지고 살았을까? 과거에 장원급제를 한 사람이었다면 과연 어떤 사회적 태도를 취하며 살아갔을까?

'도저히 조선에는 희망이 없으니 그냥 나라나 팔아버리자'고 생각했을까? 많은 금전적 보상이 주어지니, 또 집안의 명예가 높아지고 주변 친척들의 칭송이 자자해지니, '나와 내 가문만 좋으면 그만이지 뭐'하며 대충 눈 감았을까?

아니면 정반대로 '지금 이 조국이 위기다. 여기서 우리 지배층이 조금만 정신을 놓는다면, 이대로 멸망이다. 조국을 파괴적으로 뒤집더라도, 즉 혁명을 해서라도 우리 관료들 아니 신진 관료들이 그 선두에 서야 한다. 작금의 민씨 척족 세력을 모두 몰아내고 임금을 보좌할 관료 보좌진을 새로 짜야 한다'고 다짐하며 칼을 뽑았을까? 지금 같으면야 당연히 혁명을 담당하는 신진 관료 쪽이지 않았을까 싶다.

19세기 조선은 앞서 해설한 대로 전 세계가 연루된 영국과 러시아의 '그레이트 게임'이라는 패권 경쟁 속에 있었다.

서구열강이 동유럽, 중남미, 아시아, 아프리카 등지를 식민지로 삼고, 기업들이 정치와 긴밀히 결탁해 자본주의가 팽배해지며, 그 여파로 독일과 영국에서 카를 마르크스와 엥겔스의 공산주의가 전 유럽으로 퍼져나갔다. 프로이트와 구스타프 융의 심리학 연구, 뭐니 뭐니해도 다윈의 진화론이 스펜서의 사회진화론으로 급발진하며 제국주의에 정당성을 부여했다.

세계질서가 급변하던 이 100여 년 동안 조선은 세계사의 흐름에서 뒤처져 오히려 퇴화하는 양상을 보이고 있었다. 저 산업과 사상 기반을 오로지 청나라로부터 수입하고 수출한 탓에 자체적인 산업혁명을 이룰 기회를 놓쳤다.

정치가라고 할 왕실과 관료들에게 아예 근대적 흐름이 없었던 것은 아니지만,* 그건 현미경으로 들여다봐야 할 정도로 미미했다. 오히려, 서양의 종교인 천주교를 '조상제사를 모시지 않는다.' '남녀가 성인인데 종교행사에 한꺼번에 같이 앉아있더라.' 심지어 '양반 상놈 구분 없이 한 장소에 모여앉아 손뼉 치며 노래 부르고 알아들을 수 없는 말로 기도하더라' 하면서 천하에 몹쓸 것으로 몰아붙였다.

가장 극심했던 것은 조선 각 지방에 형성된 유교 신앙의 근거지, 서원書院의 난립과 백성 수탈이었다.

각 지방에 본받을 만한 선비들과 조상들을 신神으로 삼아 제사 지내고, 선비들 간 친목을 다지며, 정기적으로 학술강연과 세미나를 개최하는 일이 서원 제도의 전부다. 그런데 한 달이 멀다하고 그 제사, 강연, 세미나 친목 모임이 개최되는 데다가 그때마다 음식, 다과, 장식, 청소, 서빙 등을 그 마을 사람들에게 부담시킨다면 어찌 되겠는가?

이 서원은 조선 말인 19세기에 무려 수백 개에 달했다. 관아에 세금 내는 것도 부담스러워 죽을 지경인 백성들은 서원에까

---

* 첫 번째가 김대건 안드레아와 최방제 프란시스코 하비에르, 최양업 토마스 등이 이끌었던 자체 발생적인 천주교 전도 움직임과 두 번째로 혜강 최한기라는 학문적 거인에 의한 기학의 저술, 세 번째로 수운 최제우가 만들고 해월 최시형이 널리 퍼트린 민족종교 동학 등이 있다.

지 사적私的 세금을 내야 하니 차라리 죽는 게 낫겠다며 낙담할 지경이었다.

이 현상은 19세기에 더욱 심화했다. 당연하지 않았겠나. 서양 근대사상은 조선에서는 주자 성리학의 중앙질서와 촌락 질서라는 틈바구니에서 끼어들 수조차 없었다. 천주교와 동학이 자체적으로 개혁역량을 발휘할 수 없었던 이유다.

국권을 장악하기 위해서는 제 집안 딸로 왕비 자리에 앉혀야 하고, 각 지역 서원을 자기 당파와 가문이 장악해야 한다. 그러기 위해서는 각 부목군현의 지방 수령을 차지해야 한다.

장동김씨, 풍양조씨, 여흥민씨 삼방파 등의 세도가문으로는 그 자리를 다 채울 만큼 수가 많지 않았다. 매관매직賣官賣職은 이렇게 성행하게 된다. 매관매직으로 엄청난 돈을 바치고 관직을 얻은 자는 그 지역 백성을 가혹하게 수탈했다. 바친 돈보다 더 많은 이익을 봐야 했으니까.

고부군수로 임명된 탐관오리 조병갑이 대표적이다. 매관매직으로 그 곡창지대에 부임해 왔기에, 세상에 농사에 꼭 필요한 물을 막아 놓고 이를 사용할 때마다 세금을 매겨 백성의 등골을 빼먹었다. 항의하던 선비 전창혁을 곤장으로 장살杖殺하고는 반성도 하지 않았다. 전창혁의 아들이 바로 전봉준이다.

서재필, 김옥균, 박영효, 서광범, 홍영식이 왜 갑신정변을 일으켰는가? 이를 폄훼하는 사람이 많다. 김옥균이 다름 아닌 장동 김씨, 즉 세도 정치의 잃어버린 권력을 여흥민씨 삼방파로부터 탈취하기 위한 이벤트에 불과했다고 지적한다.* 그러나, 필자는 그렇게만 보지 않는다.

김옥균 등 개화파는 우정국郵政局이라는 근대적 우편제도를 도입·실행하는 기관을 설치하고자 했다. 핵심은 당시 지방관직 제도에서 왕이나 중앙 관료의 명령이 서원이나 지방 유림을 거치지 않고 직접 도달하게 하려는 것으로, 여기엔 세도가 문벌 가문 노론에 의해 좌절된 흥선대원군의 '서원철폐' 조치를 혁명적으로 부활시키려는 의도가 숨겨져 있었다.

민영환을 위시한 여흥민씨 삼방파가 이를 잠자코 지켜봤을 리 없다. 이때 등장한 인물이 바로 우봉이씨 집안에 제사를 모시기 위해 양자로 들어간 뒤 과거에 장원급제까지 한 이완용이다. 민영환은 이완용을 내세워 '해방영'이라는 희한한 군사 조직을 만들고, 김옥균, 서재필을 위시한 개화파를 배척해버린다. 이에 갑신정변이 일어나고 모두가 알다시피 청나라에 의해 좌초되고 말았다.

---

* 정옥자 전 서울대 규장각 관장 겸 서울대 국사학과 교수

매국노 이완용과
조국을 위한 혁명가 서재필의
정동 대결 2부

미국 대통령의 조카사위까지 되고, 철도우체국장의 딸과 연애 결혼하니 자신이 조선에서 우정국(우체국)을 세워 지방관 매관매직을 막겠다던 삼일천하와 연결되지 않는가?

갑신정변의 주모자 김옥균, 박영효, 홍영식, 서광범 등의 개화파 일당은 된서리를 맞았다. 쿠데타는 성공하면 영웅이지만, 실패하면 그대로 역적이다. 조선 시대의 역적은 능지처참, 참수형 혹은 사약으로 자결 명령이 내려진다. 그 친척들은 3족(할아버지를 비롯한 백부·숙부 등 조족祖族, 옆으로 형제와 그 소생인 조카 등을 포함한 부족父

族, 아래로는 아들과 손자 등을 의미하는 기족己族을 의미*)을 죽이거나 3천 리 밖으로 유배를 보내는 등 별의별 모욕을 겪어야 했다.

천운으로 살아남은 박영효나 박중양 등도 갑신개화파에 대한 고종과 민씨 세도가문의 조금도 근대화되지 못한 처벌방식(연좌제, 능지처참, 참수)에 몸서리를 치고, 조선에 등을 돌린 채 그때부터 영원히 매국노 혹은 친일파의 길을 걷게 된다. 김옥균, 박영효 등 1세대 친일파들은 그렇게 탄생했다.

딱 한 사람 예외는 있었다. 서재필(1864~1951)이다. 그는 일본을 거쳐 미국으로 도망갔다. 살아남기 위해 요코하마 항구에서 내리지도 못하고 바로 미국으로 가는 배에 오른다.

미국행은 밀항密航이었다. 태평양을 건널 때, 중간 기착지인 하와이에서 함께 도망한 박영효가 일본으로 되돌아가겠다고 했다. 미국으로 가서 생사고락을 함께하자고 약속한 터였으나, 철종 임금의 사위였던 박영효는 도저히 피난민의 가난한 생활을 견딜 수 없었던 모양이다.

서재필은 하와이에서부터 완전히 혼자**였다. 미국에 도착해서도 그저 '생존'을 위해 거지로 살았다. 목숨을 걸고 펼친 혁

＊ 정약용 《목민심서》

＊ 갑신정변의 동지 서광범이 뉴욕까지 따라왔으나, 곧바로 일본으로 되돌아가 버린다. 서재필은 윤치호에게 돈도 빌리고 근황도 전하면서 계속 연락하며 지냈다고 한다.

명이 실패했고, 함께한 동지들은 모조리 몰락하거나, 도망가거나, 죽임을 당했다. 그 가족까지 자결하거나, 노비가 되거나, 참수형을 당했다. 경복궁에서 조력했던 궁녀와 내시들도 마찬가지로 조리돌림당한 후 죽었다.

이방인 서재필은 어떤 심정이었을까? 하루하루가 죄책감과 절망감으로 점철돼 미치기 일보 직전이었을 것이다.

1885년 서재필은 광고 전단을 돌리고 전봇대에 붙이는 일을 구해 생활비를 벌었다. 영어를 전혀 할 줄 몰라 샌프란시스코에서 입에 풀칠하며 살았다. 도둑이다, 정신병자다, 소매치기다 등등 온갖 오해를 받아 툭하면 일용직 자리에서 쫓겨났다.

감리교회에 다니던 서재필은 이곳에서 기업가 존 홀렌벡의 눈에 들며 형편이 극적으로 바뀐다. 펜실베이니아에서 탄광업으로 많은 돈을 번 홀렌벡은 서재필의 재능에 주목했다. 그는 서재필을 곧바로 기차에 태워 펜실베이니아의 해리 힐만 아카데미라는 고등학교에 입학시켜주었다. 1888년 여기에서 '필립 제이슨 Philip Jaisohn'이라는 미국식 이름이 생긴다.

워싱턴 D.C.의 코르코란 단과대학 야간에 입학해 1년간 역사를 공부한 뒤, 라파예트 대학교에 입학했다. 유리창 닦이 아르바이트를 하면서, 미국과 일본에서 온 의서醫書들을 영어로 번역하는 일을 맡은 계기로 서재필은 이때부터 의학을 공부하기로 마음먹고, 조지 워싱턴 대학교로 진학해 야간 의대 과정을 다닌다.

▶ 1930년대 초, 서재필과 부인 뮤리엘 암스트롱

당시엔 조그마한 문방구를 하나 운영하는 사장 신분이었다.

1890년 6월, 미국으로 귀화해 맨 처음 미국 시민권자가 됐다. 1894년 뮤리엘 메리 암스트롱의 과외교사로 취직했다가 얼마 뒤, 그의 남편이 되었다. 그런데 뮤리엘 메리 암스트롱의 친아버지는 미국 초대 철도우체국장 조지 뷰캐넌 암스트롱이다. 더욱 놀라운 사실은 그녀의 사촌 큰아버지가 제임스 뷰캐넌 전前 미국 대통령이라는 것이다. 이럴 수가!

무일푼 거지로 샌프란시스코, 펜실베이니아, 워싱턴에서 일하던 사람이, 미국에서 차근차근 계단을 밟아 올라가, 시민권을 따고, 의사 자격도 얻고, 미국 대학에서 세균학을 강의하기까지 했다. 더구나 철도우체국장의 딸과 연애 결혼해 미국 대통령의 조카사위가 되다니, 조선에서 우정국(우체국)을 세워 지방관 매관매직을 막겠다던 과거의 편린들과 기막히게 연결되지 않는가? 이야말로 하늘이 내린 운을 가진 사람이 아니고 무엇이겠나.

한편, 갑신정변의 원인이었던 해방영의 선두주자 이완용은 1887년 육영공원에 입학해 영어교육을 받고 9월에 주미참찬관으로 부임한 뒤, 박정양·이하영·이상재 등과 함께 호레이스 알렌 선교사와 미국으로 건너가 1890년 10월에 귀국할 때까지 대사관에서 호의호식하며 지냈다.

서재필이 살기 위해 몸부림치며, 미국 시민권을 신청할 때, 주미 공사관 임시대리공사로 있던 사람이 바로 이완용이었다.

서재필과 이완용의 악연惡緣! 결국, 이완용은 자기 자신의 권력과 안위를 위해 우리 민족과 나라를 팔아먹었다. 친일 세력들은 서재필을 역적으로 몰아버리기를 서슴지 않았다.

서재필은 개의치 않았다. 그는 아내 뮤리엘을 설득해 조선으로 돌아간다. 갑신정변의 동지 김옥균이 어떻게 죽음을 맞았는지 잘 알고 있었지만, '백성의 넋이 주인 되는' 이상적인 조선의 혁명을 다시 꿈꾼다.

자신의 첫 아내와 갓난아기는 자신 때문에 역적으로 몰려 독살당했다. 그뿐인가. 모든 친척은 뿔뿔이 흩어지거나 죽임을 당했다. 그런데도 김홍집 내각의 상임고문 역으로 돌아오는 그 심정, 그러한 심정을 이해하기란 정말 어렵다. 만감이 교차하는 이 감정을 이해해야만 진정한 역사연구서술이 나올 수 있다.

미국 with 메이지 일본
2라운드
(가쓰라태프트 밀약)

미국으로서는 청일전쟁과 러일전쟁 모두를 승리로 이끄는 '눈에 보이는 실력'을 보여준 일본을 한낱 종이 쪼가리 때문에 버리라는 이야기는 말도 안 되는 이야기였다.

1905년 7월 29일, 미국과 일본은 아주 비밀리에 협의서를 하나 쓴다. 어디까지나 협의서다. 미국 측 인사는 윌리엄 하워드 태프트, 관직명은 아주 거창하게 전쟁부 장관이고 일본 측 인사는 가쓰라 다로 내각 총리대신이었다.

윌리엄 하워드 태프트는 나중에 대통령까지 지낸다. 비공식적으로 전해지는 이야기로는 몸무게가 거의 200kg에 육박했던 엄청난 거인이다. 시어도어 루스벨트의 전권 대리특사 자격으로 필리핀을 식민지로 삼기 위해 배를 타고 가던 도중, 일본에 들러 도쿄에서 이 합의서를 작성했다.

7월 27일에 시작한 회담은 7월 29일에야 서류를 만들고 문구를 정해서 각서 형태로 양쪽이 지닌다. 발표하지 않은 이유는 비밀 협약이기 때문이다. 왜 비밀인고 하니, 그래야 정식 조약이 아니게 되므로, 한해 앞선 1904년 2월 23일에 맺은 '한일의정서'라는 각서와 상충하지 않을 뿐만 아니라 먼 과거인 1882년에 조선과 미국이 맺은 조미수호통상조약 제1조의 '거중 조정' 조항과도 충돌하지 않게 된다. 참으로 야비하다. 필자는 감히 이 '가쓰라태프트 밀약'을 미국과 일본이 자기들 마음대로 조선의 운명을 정해버린, 우리 한반도 5,000년 역사에 가장 치욕적인 순간으로 꼽는다.

1894년 경복궁이 일본군의 기습에 장악당하고 난 뒤, 청일전쟁까지 일어나서, 일본은 조선에서 고종의 머리 꼭대기에 서서 권력을 장악한다. 일본은 조선에 갑오개혁을 강요하며, 식민지로 만들 계획을 착착 진행한다. 갑오개혁은 3차에 걸쳐서 이뤄졌는데, 사회개혁에서 가장 중요한 사항은 재정을 충분히 확보하는 일이었다.

철도와 전신국에 쓰일 노선들을 가설하는 데만도 엄청난 돈이 들어간다. 은銀본위제를 전국에 실시하고, 세금납부를 모두

금납화金納化하려고 갖은 애를 썼다. '애를 썼다'라고 표현한 이유는 결국 이 개혁이 실패했기 때문이다.

가장 간단한 예로 땋은 머리를 짧게 자르는 '단발령-을미개혁, 제3차 갑오개혁-'부터가 고종이 모범을 보였든 말든, 그때 유행한 표현대로 "오두가단吾頭可斷 오발불가단吾髮不可斷"(내 머리는 자를 수 있을지언정, 내 머리카락은 자르지 못한다)이라면서, 죽기 살기로 저항하는데 다른 개혁이 무슨 수로 열매를 맺었겠는가?

메이지 일본은 궁극의 목표인 조선의 식민지화를 위해 "조선을 일본화시키고 개조시켜야 한다."라며 개혁이라고 부르는 식민지화 사업을 하나하나 진행했다.

조선의 상황은 참담했다. 동학농민운동이 대실패로 끝나고, 피비린내 나는 청일전쟁이 조선에서 벌어져 국토는 황폐해졌다. 경복궁에서 왕비 민비가 일본 군인과 낭인들에게 시해당하면서 뒤이어 뒤집기 음모인 춘생문사건*까지도 완전히 실패로 돌아가자 백성들은 절망감과 수치심에 온몸을 떨어야 했다.

이런 일련의 과정들은 일본의 뉴스 보도자료들을 통해 전 세계로 타전되고 있었다. 영국, 러시아, 미국 등 세계열강들이 조

---

* 1895년 11월 28일, 일본에 옴짝달싹 못 하게 된 고종을 탈출시키기 위해, 친미파, 친러파, 개화파가 일치단결했으나, 어윤중과 김윤식 두 대신이 도리어 조선 관료들을 자중시키는 바람에 실패한 사건이다. 이 사건에는 이완용이 친미파로 참여해 놀라움을 줬다.

선에서 무슨 일이 벌어지고 있는지 생생하게 접하고 있었던 셈이다.

미국의 시어도어 루스벨트 대통령은 딸을 조선으로 보낸다. 1882년에 조미수호조규 조약에서 '미국은 조선의 국익을 제3국이 침범하려 한다면, 조선의 편을 든다'는 '거중조정居中調整' 조항을 기억하고 있던 고종은 루스벨트의 딸을 극진히 대해준다.

그러나 미국의 관심은 오로지 자기 이익뿐이었다. 미국은 19세기 중후반부터 기업 자유주의에 기반해 국력을 쌓고 있었다. 청일전쟁과 러일전쟁 모두를 승리로 이끌며 '눈에 보이는 실력'을 보여준 일본을 한낱 종이 쪼가리 따위로 저버리라는 이야기는 미국에 말도 안 되는 이야기였다.

더구나 놀랍게도 똑같은 자본주의 발전과정을 보여온 두 나라가 식민지 나눠 먹기를 결행하기란 그리 어렵지 않았다.

미국은 필리핀을, 일본은 조선과 타이완을 상호 나눠 차지하되, 절대 서로 이익을 침범하지 않는다는, 조선 처지에서는 하늘이 두 쪽 날 것 같은 비밀각서를 쓴 양국 대표는 얼마나 득의만면의 웃음을 지었을까. 두 나라 모두 조선을 얼마나 우습게 봤는가.

미국은 그때 꿈에도 몰랐을 것이다. 딱 27년 뒤부터 이 비밀협정에 없던 만주, 연해주, 중국 본토와 대양주, 동남아시아 전역을 일본이 치고 들어오리라고는. 그저 극동아시아에서 영국이 다 못하는 역할을 맡아주기를, 러시아가 극동의 부산, 마산 그리고 원산을 비롯한 여러 부동항을 절대로 취하지 못하도록 막아주기만을 바랐다.

반면, 일본은 조선으로는 절대 성에 차지 않았다. 조선 전역을 아무리 들쑤셔봐야 석유 한 방울 나오지 않으니 그랬을 것이다. 미국의 록펠러, 밴더빌트, 카네기, 제이피 모건에 해당하는 재벌들이 일본에는 미쓰이, 미쓰비시, 스미토모로 갖춰져 있었지만, 오직 록펠러에 해당하는 석유, 정유 기업만 없었다.

듀폰에 해당하는 화학 부문 역시도 자체적인 국산國産 재료는 사용하지 못하고 있었다. 일본의 기치는 지역으로 나아간다. "만주로 가자, 연해주로 가자, 몽골로 가자, 중국 땅을 다 먹자, 동남아시아로 가자, 하와이(태평양)로 가자, 호주로 가자."

러시아 with 메이지 일본
2라운드
(헤이그 밀사 사건)

> 러시아는 전쟁까지 벌인 적대관계가 아니던가. 불과 대회를 앞둔
> 2달 전만 해도 니콜라이 2세가 고종황제에게 초청장을 보내 참석
> 을 권유까지 하지 않았나.
> 러시아마저 그렇게 일본과 한통속이 된다.

조선도 그냥 당하고 있지만은 않았다. 고종은 딱 한 번 반짝 저항
했다. 혹자는 러시아 공사관으로 도망가 버린 아관망명*을 들 수

---

* 엄 상궁의 놀라운 기지로 고종과 순종이 경복궁에서 덕수궁으로 옮기고 친일 내각을 무
너뜨린 사건으로 1896년 2월 11일에 벌어졌다. 그런데 이 사건을 '파천'으로 부르는
모양이다. 임금이 러시아의 니콜라이 2세와 사전 협의 끝에 거처를 옮긴 사건은 어디까

도 있을 것이다. 그러나 이는 우리 영토에서 당연한 권리를 행사한 데 불과하다. 상당히 수동적인 개념이고, 사실 역사적으로 임금이 자기 영토 내에서 법궁인 경복궁과 아주 가까운 거리에 있는 아관, 즉 러시아 공사관으로 이동하는 데 일본군 눈치를 봤단 사실이 오히려 치욕이라고 볼 수 있다.

고종의 진짜 반짝 저항은 '헤이그 만국평화회의 밀사 사건'이다. 여기에 연관된 인물이 상당히 많다. 첫째, 우당 이회영 집안에서 고종을 사주해 최초로 진행했다. 둘째, 정동 교회 측에서 전덕기 목사가 처음 했다. 셋째, 고종의 자주自主 의지로 했다.

아마 첫째는 우당 이회영 집안 후손들이 정치인이 많은 덕에 영웅전설 같은 이야기를 지어냈을 공산이 크고, 둘째는 한국 개신교 측에서 퍼트린 이야기인 것 같은데, 전덕기 목사라는 사람 자체가 별로 유명세가 없어서 그저 그런 취급을 받는다. 셋째는 고종 등 대한제국 황실을 띄우려는 목적이 보여 필자로서는 매우 언짢다.

한편, 헤이그 밀사 사건에서 미국의 반체제 인사 호머 헐버트의 공로를 내세운다. 호머 헐버트가 가쓰라태프트 밀약에서 사실상 미국이 1882년 조미수호조약을 어기고 조선에 대한 의리를 저버리며 실리만 챙겼다고 봤기에, 헤이그 만국평화회의뿐만

지나 망명 사건이다. 따라서 배기성 역사 강사의 저서와 논문 그리고 강의 일체는 파천이라는 말 대신 망명이라고 용어를 쓴다.

아니라 그 이후의 삶에서도, 사실상 일본이나 미국보다는 조선을 위해서 살았다는 사실을 들어 그렇게 말한다.

그런데, 필자는 위 주장에 뚜렷한 한계가 있다고 본다. 어떤 정책을 펼 때 실무자 혹은 후원자가 있다고 해서 그 사람이 전체를 주관하며, 그 사람 없이는 아무 일도 되지 않았으리라고 판단하는 오류와 같기 때문이다.

그럼 이 헤이그 밀사 사건이라는 것이 도대체 무슨 배경을 가지고 탄생했으며 어떻게 전개되었는지 새로운 관점을 소개하겠다.

고종이 네덜란드의 헤이그에서 만국평화회의가 열린다는 소식을 접한 것이 1907년 4월이다. 을사늑약으로 자주국으로서 모든 외교권을 침탈당했으므로, 대한제국은 거기에 참여할 수가 없었다. 만약 참여했다가는 일본이 두고 보지 않을 것이며, 영일동맹관계에 있던 영국 또한 가만히 있지 않을 것이라는 첩보를 이미 고종도 확보했다.

그럼 가지 않는 게 맞지 않을까? 혹여 가더라도, 정식 멤버십이 아니라, 옵서버로 참여해 멀찌감치 떨어져 회의장을 지켜보다가 돌아와야 하지 않을까? 우리는 이제껏 이런 관점에서 헤이그 만국평화회의에 고종이 밀사를 보낸 것으로 알고 있다. 실제는 전혀 그렇지 않다.

지금처럼 비행기 타고 네덜란드에 가는 게 아니다. 회의 공식 언어였던 프랑스어, 러시아어에 능통한 사람도 몇 명 없었다. 그 와중에 고종과 대한제국에 충성스러운 사람을 찾기란 거의 불가능에 가까웠다.

국제연맹도 유엔도 없는 상황에서 헤이그 만국평화회의는 제정러시아의 주최로 열렸다. 제정러시아의 니콜라이 2세 황제는 아관망명 때 고종을 잊지 않았다. "일본이 대한제국에 행한 모든 악행을 세계만방에 고할 절호의 기회올시다."라고 고종의 참석을 강권한다.

고종은 감격했다. 설령 외교권을 빼앗겼더라도, 러시아가 주최국으로서 그로부터 초청장을 받았는데 외교권 박탈이 무슨 상관인가. 그는 러시아라는 세계열강의 일원을 '믿는 구석'으로 삼아 헤이그 만국평화회의 참가를 전격적으로 결행한다.

헤이그 밀사의 결과는 모두가 잘 알다시피 완전히 실패다. 이준, 이위종, 이상설, 세 분의 밀사가 참여하지 못했던 것은 물론이고, 그들을 지원하기 위해 출격했던 호버 헐버트도 처절한 패배를 맛봐야 했다.

기자회견 하고, 성명서 발표하고, 참가한 모든 강대국 대표단을 찾아가서 방문해봐야 뭣 하겠는가. 일본은 당시 대영제국과 영일동맹을 맺었고, 미국과는 가쓰라태프트 밀약을 맺어놨고, 심지어 만국평화회의 직전 러시아와도, 그러니까 전쟁을 벌였던 그 러시아와도 비밀 협약을 맺은 터였다.

▶ 헤이그 만국평화회의에 특사로 파견된 이준, 이상설, 이위종
(왼쪽부터 순서대로)

세상에나, 영국은 원래 일본과 친하다고 치고, 미국도 1882
년에 조선과 맺은 협약은 있으나 23년이나 지나 버렸으니, 백만
번 양보해서 그렇다 쳐도, 러시아는 불과 3년, 2년 전인 1904년
과 1905년에 전쟁까지 한 적대관계가 아니던가. 그리고 불과 대
회를 앞둔 2달 전만 해도 니콜라이 2세가 고종황제에게 초청장
을 보내 참석을 권유까지 하지 않았나. 정말 냉정하고 냉혹한 국
제관계가 아닐 수 없다. 어찌 그새 적대관계인 일본과 외교적 동
지가 될 수 있는가.

이준 열사는 헤이그까지 오는 그 머나먼 여로에서 올 피로
부터, 현지에 도착해서 강대국들의 무시, 일본의 방해까지 모든
것을 예감하며 준비를 마쳤을 것이다. 이위종이 대한제국을 '구
태의 나라'라며 현지에서 비판했을 때도 분노를 삭였다. 한데 러

시아가 배반할 줄이야!

러시아마저 그렇게 일본과 한통속이 되는 상황을 보며, 이준, 이위종, 이상설은 결국 그 모든 울화병과 피로가 폭발해버렸다. 분개한 일본은 고종을 강제 퇴위시키고, 아들 순종을 끌어올렸다. 1907년 7월 20일의 일이다.

역사는 반복된다

만동묘와 장동김씨, 풍양조씨, 여흥민씨
19세기 후반 조선 백성은
진정 무엇을 원했는가?

> 관상을 본다, 사주를 본다면서, 중앙 관직은 두말할 나위 없이, 전
> 국 지방관들, 즉 부사와 목사 그리고 군수와 현령까지도 아니 그
> 지방관아의 아전들까지도 모조리 "얼마를 바치면 어느 자리를 준
> 다"라며 막대한 부를 챙긴다.

도대체 19세기 후반*(1863년 고종 즉위 후 1907년 순종 즉위)까지 우리

---

* 물론 기계적 의미야 19세기 후반이 1851년부터 1900년까지겠지만, 여기서는 다소 문
  학적 표현으로 양해하기 바란다. 1863년 고종의 즉위는 흥선대원군이 서원철폐 및 세도
  정치 청산이라는 시대적 과제를 들고나온 해라서, 그 전과 확실히 구분된다. 기나긴 고종
  의 재위가 끝나는 1907년이야말로, 19세기 후반이라는 표현이 어울린다고 생각한다.

조선 백성들은 진정 무엇을 원했을까?

고종이 즉위하고 흥선대원군이 어린 고종을 대신해서 섭정의 위치에 섰을 때, 조선 백성들은 새 임금에게 무얼 원했고, 대체 어떤 과정을 거치며 좌절됐을까?

'만동묘타령'이라고 혹시 들어보았는가? 백성들이 보기에 권력이 강한 직위에 있는 사람을 수직으로 배열해서 부른 노래인데, 뜻밖에도 가사에서 임금은 맨 위가 아니라 세 번째다. 18, 19세기 조선 백성들에게조차 임금 지위는 땅바닥에 있었다.

임금 위에 군림한 사람은 임금의 비서 역할을 했던 '승지承旨'들이었다. 그리고 그 위에 있던 최고 권력자는 바로 만동묘萬東廟지기, 즉 만동묘를 지키고 관리하는 이들이었다. 이들은 모두 공식 문무백관들이 아니라 소위 말하는 비선 실세였다.

도대체 이들이 누구였기에 백성들이 보기에 임금의 권위를 두 단계나 뛰어넘는 권력을 가지게 되었던 걸까? 권력의 역전 현상이 만천하에 드러난 나라에서 안정을 바란다는 게 어불성설이다.

1637년 2월에 벌어진 '정축하성 사건'. 바로 청나라 오랑캐들에게 인조가 삼전도의 굴욕을 겪으며 벌어진 이 사건에서 무너진 조선의 자존심은 인조, 효종, 현종, 숙종, 경종, 영조, 정조, 순조, 헌종, 철종, 이렇게 10명의 임금을 거치는 동안 도저히 회복될 기미를 보이지 않았다.

조선의 노론 사대부들은 철저한 보수주의 사상, 즉 소중화小中華 사상을 뿌리 깊게 내면화한다. 청나라는 오랑캐이니, 언젠가는 반드시 병자호란의 치욕을 갚겠다며, 북벌北伐론을 통치이념으로 내세운다. 이는 은진 송씨 송시열의 생각으로 노론老論 당파의 이념으로 자리 잡는다.

그들 노론 당파는 임진왜란 때 우리 조선을 물심양면 도왔던 명나라 황제 신종 만력제와 명나라 최후의 황제 의종 숭정제를 충청북도 괴산군 화양구곡에 화양동 서원을 세워 그 서원의 윗자리에 위패를 모시고 제사 지낸다. 이것이 '만동묘'다.

이들은 제사와 모임을 수시로 열어 노론 당파의 위세를 확인에 재확인하고 그들만의 논리를 세웠다. 제사음식, 운영비용 그리고 모임에 들어가는 각종 의전과 식사는 당연히(?) 백성들 몫이었다.

나라에 내는 세금도 버거운데, 만동묘를 비롯한 많은 서원에서 수시로 세금처럼 따로 돈을 걷어가니, 백성들은 죽을 맛이었다. 춘궁기, 즉 보릿고개가 되면 모두 관아로 와서 곡식을 대출해가서 가을에 갚았다. 갚을 때는 원금에 이자까지 더하는데 이 이자율이 부르는 게 값일 정도로 제 맘대로였던 탓에 지역 서원들과 향리들의 결탁에 의한 탐관오리의 발호는 19세기가 되면 목불인견目不忍見, 차마 눈 뜨고는 못 볼 지경이 된다.

세도정치는 매관육작賣官鬻爵, 매관매직을 통해 오로지 자기

가문을 빛내기 위해 정치를 이어가는 형태다. 영조의 세 번째 부인 정순대비 김씨의 집안인 경주김씨로부터 출발해 김조순의 신안동김씨 중 장동김씨* 세력을 거쳐 풍양조씨가 이어받고 다시 잠깐 장동김씨가 세도를 이어가다가 고종이 즉위하고 흥선대원군이 집권하자 꺾였다가, 왕비 민씨가 다시금 자신의 친정인 여흥민씨 삼방파로 하여금 모든 권력을 잡게 해서 세도정치의 명맥을 잇는다.

사색 당쟁의 견제와 균형이 와르르 무너지고, 왕비 자리를 자기 딸이나 여동생으로 채워서 그 힘으로 외척이 발호한다. 하다 하다 첩실까지 설쳐댔으니, '관상을 본다, 사주를 본다'면서, 중앙 관직은 말할 것도 없고, 전국 지방관들, 즉 부사, 목사, 군수와 현령까지 아니 그 지방관아의 아전들까지도 모조리 "얼마를 바치면 어느 자리를 준다"라며 막대한 부를 챙긴다. 장동김씨 세도가 김좌근의 첩 나합(나주 조개 전하)**의 이야기다.

백성들은 하루하루 허리가 휠 지경이었다. 정조의 초계문신

---

* 안동김씨는 구 안동김씨와 신 안동김씨로 나뉜다. 19세기 세도가문은 신 안동김씨 중에서도 서울 창의문 앞의 '장동'이라고 불리던 지역에 살던 속칭 '장동김씨'에 의해 이뤄진다.

** 나합은 19세기 존재했던 최악의 여성이었다. 본명은 뭔지 상관없지만, 나주 영산포 출신의 여성이다. 국왕을 일컫는 '전하'라는 호칭에 여성을 멸칭하는 조개라는 말이 붙어 조개 합蛤하로 불렸다.

세력을 그의 사후 모조리 없애버리려고 천주교 박해는 바로 정조의 죽음 바로 그다음 해(1801)부터 시작되었다.

1839년, 이번에는 시파*인 장동김씨 세력을 없애버리기 위해 벽파인 풍양조씨가 천주교를 박해함으로써 정국의 주도권을 잡는 데 성공한다. 다시 1846년 이번에는 김대건 안드레아 신부를 위시한 천주교 토착 세력들을 모조리 없애버린다. 이에 그치지 않고 1867년부터 1873년에 이르기까지 무려 6년 동안 전국 방방곡곡의 천주교 세력들을 모조리 찾아서 처형한다.

그토록 중요한 19세기, 전 세계적으로 산업혁명, 석탄 자원 전환, 자본주의와 공산주의의 대결, 러시아와 대영제국의 세계 패권 경쟁, 아편전쟁과 청나라 몰락, 미국 페리 제독의 일본 강제 개항 후에 메이지유신의 전개 등 그 온갖 국제적인 역동성에도 전혀 무지했던 조선의 세도가문은 권력을 백성에게 분산하는 19세기 시민민주주의의 성장에는 아무 관심이 없었다.

서양 제국주의가 아프리카, 동남아시아, 인도, 중남미 등을 모조리 점령하고 각종 자원을 수탈하는 데도 모르쇠로 일관하며, 오로지 시대착오적인 소중화小中華 의식과 주자朱子 성리학性理學만을 강조했다. 백성들은 결국 저항을 시작한다.

---

* 1962년 윤5월 영조는 사도세자를 뒤주에 가두어 죽이라는 어명을 내린다. 이때, 사도세자를 죽여야 한다는 파가 벽파, 살려야 한다는 파가 시파이다.

망국의 원흉,
민중운동가의 말살

조선의 19세기 후반, 누구보다도 우리 조국을 위해 크나큰 능력
을 발휘했을 이 세 사람을 너그럽게 수용하고 받아들이지 못한
죄가 너무 크다.

19세기, 백성들이 들고일어나기 시작했다. 견딜 만큼 견뎠고, 참
을 만큼 참았다는 뜻이다. 1801년의 천주교 신유박해는 1월에 시
작해 12월에 끝났다.

정순 대비의 경주김씨 벽파 세력은 정조가 애써 탕평책으로
선발한 초계문신들을 죽이고 귀양보내고 삭탈관직하는 데 무려
1년여를 써버렸다. 19세기, 다른 세계열강과 나란히 할 기회를

모조리 날려버린 것이다.

그로부터 10년 뒤, 평안북도 정주성 쟁탈전으로 끝난 홍경래의 난을 마주하게 된다. 홍경래는 평안남도 용강군 출신이다. 이 평안도와 함경도 지방 즉, 북부지역에 대한 뿌리 깊은 차별과 지역감정이 홍경래의 난을 촉발했다고 봐야 한다.

도대체 이 지역 출신으로 문과, 무과에 최종 합격하여 문무백관으로 올라간 사람이 몇 %나 되냐 말이다. 합격하더라도 정 3품 이상 당상관으로의 진출은 꿈도 꾸지 못할 지경이니, 조선의 18세기와 19세기는 기호지방(서울, 경기, 황해도 지역)과 충청, 호남 벼슬아치들 일색이었다.

이인좌의 난 이후로 영남이 반역 향으로 찍혀 벼슬길이 막힌 것은 조금 알려졌지만, 평안도와 함경도의 출사와 승진길이 막힌 것은 웬만한 사람들이 잘 모른다.

홍경래의 난 이후에도, 세도가문은 전보다 더 심하게 천주교를 박해했다. 정약용과 정약전 형제는 전남 강진과 저 멀리 흑산도로 떨어져 유배돼 죽을 때까지 얼굴 한 번 보지 못했다. 엎친 데 덮친 격으로 콜레라, 폐렴, 폐결핵 등 전염병이 주기적으로 창궐했다.

날로 악랄해지는 가렴주구苛斂誅求 즉, 온갖 수탈에 백성의 신음은 더욱 늘어갔다. 이러던 중, 바다 건너 청나라 남쪽에서 이상한 소식이 들려왔다.

아편전쟁이라는 게 벌어졌는데, 영국이라는 서양 오랑캐에게 조선의 종주국이었던 청나라가 대패했다는 소식이었다. 오늘날로 하면 지구가 외계인에게 침공당해서 곧 멸망한다는 소리였다.

1차 아편전쟁은 1840년에 일어나 1842년에 난징조약으로, 2차 아편전쟁은 1856년에 일어나 1860년에 베이징조약으로 끝났다. 영국이 청나라를 상대로 완승했다.

조선 각지에서는 허무주의가 팽배해지고, 각종 유사 종교들이 전국 명산에 자리 잡았다. 이 종교적 결사체는 하나같이 민란의 중심이 된다. 그들은 이 세상이 결딴난 것처럼 "서양 오랑캐라는 세력들이 얼마나 강하면 청나라가 무너지겠는가"라면서 하나같이 종말론을 지껄였다.

세도가문과 노론 서원 세력들은 역시 기대를 저버리지 않았다. 어쩜 그렇게 하나같이 되레 '신분제를 강화해야 한다'라는 정신 나간 헛소리를 내뱉을 수 있었는지 도무지 이해할 수가 없다. 관료제 기반 아래 자리 쟁탈전만 벌이는 행태도 지속했다. 숨 가쁘게 급변하는 세계정세는 그들 서사에 불과했다.

경주 최부자집과 가까운 친척인 수운 최제우(1824 경주~1864 대구)가 딱 마흔 살에 생을 마감했다. 전도유망한 젊은이로서 또한 가장으로서 16세에서 18세, 32살에서 36살까지 이 나라와 이 민족의 앞날을 고민하고 살았던 삶은 정확하게 1, 2차 아편전쟁이 터지고, 세도가문이 자신들만의 안위에 몰두할 때와 겹치며 명확한 대비를 이룬다.

수운 최제우는 지금의 대구 중구 관덕당 앞마당에서 역적죄로 처형당했다. 임금을 능멸하고, 대구 백성들을 혹세무민했다는 죄명이었다. 철종 시대 세도가문 장동김씨에 체포되어 참수형을 선고받았으나, 철종이 갑자기 죽어버리는 바람에 대구로 이감되었고, 결국 고종 1년에 여러 제자와 함께 순교했다.

유일하게 살아남은 제자가 해월 최시형이다. 그는 형편없이 몰락한 양반 집안이어서 아예 백정처럼 살았다. 그러다가 수운 최제우로부터 동학의 도통을 전수하고 2대 교조가 되었다.

그는 동학과 주자 성리학을 연결해 교조 수운을 신원하는 데 일생을 바쳤다. 1864년부터 1894년 갑오농민전쟁 혹은 동학농민운동에 이르기까지 무려 30년을 조선에서 수배령을 받아 도망자 신세로 전국을 누볐다. 전 세계 어떤 반역자도 이런 경우는 찾아보기 어렵다. 그만큼 체포해야 할 관군官軍과 포졸捕卒은 부정부패로 썩어빠져 있던 반면, 백성들은 절대로 해월 최시형이 잡히지 말기를 바라서, 서로서로 숨겨주고 위치를 발설하지 않은 결과였을 것이다.

조선의 19세기 후반, 즉 고종 시대의 상징을 말할 때 필자는 많은 사람 중에서 해월 최시형과 녹두장군 전봉준 그리고 서재필 이 세 사람을 꼽는다. 조선은 아니, 대한제국은 왜 이 세 명을 나라 발전과 백성들의 안위를 위해 포용하지 못했나? 누구보다도 우리 조국을 위해 크나큰 능력을 발휘했을 이 세 사람을 너그럽게 수용하고 받아들이지 못한 죄가 너무 크다고 생각한다. 전봉준과 최시형은 국법의 이름으로 처형되고, 서재필은 역적으로 낙인찍었다가 잠시 포용하는 듯했으나, 결국 미국으로 떠나가게 했다.

녹두장군은 아버지 전창혁의 원수를 갚고자 시작한 무장봉기가 곧바로 조선 백성들의 봉기로 진화하자 그 책임을 고스란히 떠맡았다. 그는 글자 그대로 작디작았으나, '작은 고추가 맵다'는 말이 그로부터 연유할 정도로 당찬 인물이었다.

1894년 1월 고부민란을 일으킴으로써 본격적인 동학농민운동, 다른 말로 갑오농민전쟁을 시작한다. 그런데 채 1년을 채우지 못하고, 전라북도 순창군 피로리에서 마을 전체가 동학의 대의를 저버리고 보잘것없는 포상에 현혹되어 녹두장군을 잡아 관군에게 아니 정확하게 말하면, 일본 세력들에게 넘겨버린다. 개벽세상을 꿈꾸던 녹두장군의 칼춤은 그렇게 꺾여버렸다.

개틀링 기관총이 향한 그곳은
경복궁이 아니라 우금치

1894년 11월 말, 총구와 화구는 공주 우금치에서 조선을 들어 엎
자는 동학농민군들을 겨냥했다.
우금치에서의 조선 지배층과 조선 관군은 친일파가 되어, 뤼순의
일본군과 그때부터 계속 한 몸이었다.

대량살상 화기는 종류가 다양하다. 세종임금이 여진족 정벌에
사용한 '신기전'이 있다. 이 신기전은 임진왜란 당시에 권율 장군
의 행주대첩에서 왜군의 육군 대장 우키타 히데이에 군대를 물
리치는 데 결정적인 역할을 한다.

한 무기에 수십 개의 발사구가 있는 형태가 신기전이라면,

▶ 영국의 1865년제 개틀링 기관총

반대로 하나의 발사구로 수백 발의 총탄이 한꺼번에 아주 빠르게 작동하는 무기가 기관총이다. 아편전쟁에서 영국이 청나라를 이길 수 있었던 이유가 오로지 '맥심기관총'에 있었다고 할 정도로 기관총은 가공할 무기였다. 이 기관총의 놀라운 성능과 정확도를 크게 높인 야포를 내세운 서양의 공격력은 청군을 압도할 수 있었다.

그로부터 무려 54년 뒤인 1894년 7월 23일 새벽, 일본군은 경복궁을 급습한다. 드라마 <녹두꽃>에서는 새벽부터 아침까지 상당한 시간 동안 접전을 벌인 것으로 나오지만, 실제로는 고작 50여 분에 걸친 짤막한 교전이었다. 그 끝이 고종의 항복이라니 참으로 비통한 순간이다.

역설적으로 이때, 바로 그 시점에, 우리 경복궁에는 여러 정의 개틀링 기관총과 마찬가지로 여러 대의 크루제 야포를 보유하고 있었다. 모두 과거의 맥심기관총과 군함에서 쏘는 야포보다 훨씬 더 진전된 최신형들이었다.

일본의 9여단 21연대 병력이 쳐들어오고 있다. 당연히 고종은 이 화기들을 썼어야 하지 않는가? 그런데 그러지 않았다. 어처구니없게 단 한 발도 쏘지 않았다. 다소의 교전이 있었는지는 모르겠으나, 일본군을 맞이했다고 해도 과언이 아닐 정도로 무기력했다. 고종은 대체 왜 기관총을 쏘지 않고, 대포를 날리지 않은 채 순순히 항복했을까?

지난 1882년 임오군란 이후 무려 12년 동안 그 어리디어린 청나라 조선 감국 위안스카이에게 온갖 간섭에 모욕을 당하고, 자체적인 군사력을 키우는 것조차 감시를 받아야 했던 한 맺힌 원한이 고종에게 작용했으리라 보인다.

다시 말해, 조선 자체의 힘으로는 도저히 청나라를 물리칠 수 없으니, 일본군을 끌어들여서라도 청나라를 물러가게 하겠다는 셈법이었다. 필자는 이 글을 쓰면서 저 깊은 곳으로부터 부아가 치밀어오른다. 고종이라는 임금은 어떻게 이다지도 무능했단 말인가?

청나라가 물러가고 나면, 일본군이 우리나라를 곱게 봐줄 것 같았나 보지? 어떻게 일국의 임금이라는 작자가 하는 생각이 이따위일 수 있나?

같은 시대 태국에는 출라롱콘(출생 1853, 재위 1868~1910)이라는 임금이 있었다. 그는 서쪽으로는 미얀마를 점령하고 들어오는 영국군, 남쪽으로는 말레이반도 전체를 집어삼키려는 또 영국군, 동쪽으로는 베트남·라오스·캄보디아를 식민지로 삼고 태국으로 진격하려는 프랑스군, 북쪽으로는 청나라의 군대가 버티고 있어 고립되어 아무도 도와주지 않던 난관에 부닥쳤다.

하지만, 결과적으로 태국은 식민지가 되지 않았다. 출라롱콘은 자신의 재산을 모두 국가에 기증했다. 노예제를 폐지하고 이들을 시장경제 체제의 주요 구성원으로 편입했다.

무엇보다도 태국 북부의 치앙마이, 치앙라이 두 중심체제를 갖고 있던 북부 왕국과 적극적으로 화해하고, 기존의 남북 갈등 구조에서 남북이 공동으로 외세에 대응하는 체제로 바꾸었다.

태국을 위해 기증한 재산은 모두 태국에서 치앙마이를 연결하는 중앙철도 건설에 쏟아부었다. 지금이야 태국 왕실이 그 존경심을 잃고, 군부에 의존한 채 연명하지만, 그때 출라롱콘은 전 세계 모든 국가 원수 중에 단연 오버더톱over the top이었다.

고종과 비교해보라. 어찌 그 시절에 출랄롱콘은 태국에, 고종은 한국에 존재했을까. 출랄롱콘도 위와 같이 처세할 때 귀족 세력들의 반대에 부닥쳤지만, 전혀 개의치 않고 밀어붙였다.

고종은 매우 무능한 임금이었다. 실상 조선은 이미 기울대로 기울어져 있었다. 왜 그때 개틀링 기관총과 크루제 야포라는 세계에서 가장 최신형인 무기를 들고 있었음에도 쓰지 않았는지 역사의 판정에 세워 죄과를 묻지 않을 수 없다.

고종이 보유한 개틀링 기관총과 크루제 야포는 정말 놀라운 곳에 쓰였다. 1894년 11월 말, 총구와 화구는 공주 우금치에서 조선을 들어 엎자는 동학농민군들을 겨냥했다. 궁궐을 향해 쳐들어오는 남의 나라 군대에는 총과 대포를 아껴둔 채 구식무기인 낫, 칼, 창, 그리고 화승총으로 무장한 우리 백성에게는 무차별로 사격하고 포격하다니, 세상에 이런 어이없고 슬프고 분통 터지는 임금이 어디 있단 말인가.

이때, 우리 조선 관군은 일본군보다 훨씬 많았다. 이 조선 관군이 우리 농민군들에게 기관총을 갈기고, 크루제 야포를 쏘아댔다. 약 4일간의 전투로 농민군 2만여 명이 희생되었다.

여태 오로지 일본군이 우리 농민군을 아무렇게나 함부로 쏜 것으로 알려졌지만, 전혀 그렇지 않다. 당시 일본군은 거의 모두 청일전쟁에 투입되어, 우금치의 저 작전은 충청관찰사 박제순이 저지른 재앙이었다. 박제순, 어디서 많이 들어본 이름 같지 않은가. 바로 을사늑약의 5적 중 하나이다.

일본군은 우금치 전투와 비슷한 시기인 1894년 11월 21일부터 23일까지 청나라 랴오둥반도 끄트머리에 있는 최고의 군사기지, 뤼순 항구를 공격했다. 거기서 청나라 백성 약 2만여 명을 학살했다. 일본군의 잔악함이 전 세계에 알려졌다. 우금치에서의 조선 지배층과 조선 관군은 친일파가 되어, 뤼순의 일본군과 그 때부터 계속 한 몸뚱어리로 움직였다.

1호 판사 조병갑, 1호 검사 이완용, 1호 사형수 최시형

동학의 비참한 결말

그럼 1898년 4월에 체포되어 재판을 받고 6월 2일에 처형된 해월 최시형 재판 당시 전라북도 관찰사가 누구인가? 1898년 3월 11일부터 1900년 7월 22일까지 전라북도 관찰사가 바로 매국노 이완용이다.

많은 분이 이 부분에서 1호 검사가 이완용일 리가 없다고 한다. 100년 전통을 자랑(?)하는 민족정론지에서는 필자를 두고 '가짜 역사학자, 사이비 역사학자'라며 비난을 퍼부었다.

마침 그 언론보도에 언급되기도 했던, 전남동부보훈지청(순천)에서는 7차례에 걸쳐 예정되었던 6·25 관련 강의마저 전부 취소한다고 연락이 올 정도였다. 담당자와의 전화 통화에서 해명했지만, 그 신문에서 언급되었으니, 어쩔 수 없다고 했다.

기가 막힐 노릇이었다. 도대체 그 신문에서 언급이 되었다는 것이 무엇이관데, 역사학자도 아닌 일개 기자가 언급한 사실을 기정사실로 보고 강의를 엎어버리는가. 해당 부분을 강의한 <매불쇼> 채널이나, 필자의 유튜브 채널 두 군데에도 항의는 빗발쳤다. 한편으로 정말 궁금한 게 있는데, 그 종이신문 기자는 어떻게 내 강의 일정을 미리 알아서 지면에 터트렸을까?

먼저 묻고 싶다. 왜 항의하는가? 1호 검사가 이완용이라고 해서, 그렇지 않다는 데 초점을 맞춘 것인가? 아니면, 1호 검사가 이완용이라는 희대의 매국노라는 사실이 헌법에 명시된 대로 '검사는 국가를 대신해 형법 관련한 모든 사건에 기소를 요청한다'는 대의명분에 상당한 생채기가 나기에 그렇지 않음을 강변하고자 함인가.

나라의 주요보직이 2022년 6월부터 대부분 검사 출신으로 채워지고 있다는 데 자신들이 만들어놓은 국가적 정통성이 도전받을까 봐 엄청난 불안감에 휩싸여 있다는 것을 우선 강조하고 싶다.

그들에게 중요한 것은 문서기록이다. 그런데 이 문서기록이라는 게 《고종실록》에 나온 자료이다. 고종이 1907년에 일본에 의해 강제로 퇴위하고 순종이 들어선 후에, 《고종실록》이 편

찬되었다. 따라서 《고종실록》은 사실상 일본이 편집하고 제작을 주도했다. 그러니 거기에 무슨 진실이 있다는 말인가.

누가 뭐래도 우리나라 최초의 근대적 재판 1호는 동학 2대 교조 해월 최시형의 재판이다. 그 전에 순국하신, 전봉준, 김개남 등의 동학농민운동 혹은 갑오농민전쟁의 장군들은 근대식 재판이 아니었다.

해월 최시형의 서울재판이 우리나라 최초의 근대식 재판이다. 이러한 재판제도는 일본이 주도하고 진행했다. 고종은 우리나라 임금으로 어떻게 조선의 백성을 그렇게 잔혹하게 대할 수 있었을까? 그렇게 임금으로서 권위를 세우고 종교수장으로까지 인정받고 싶었던 걸까.

조선 시대와 현대의 가장 큰 차이점 중 하나가 국가수장에 대한 충성도 문제다. 조선 시대는 임금이 유일신인 종교 수장이었다. 지금은 시민이 왕인 민주주의 시대이니, 대통령에 대한 인식은 현격히 낮다. 이점을 간과하고, 예전에도 요즘처럼 임금을 욕하고 다녔겠거니 하고 생각하기 때문에, 역사를 바라보는 관점에 큰 오류가 발생하기도 한다.

고종은 일본을 앞세워 조선 민중들의 자발적인 근대운동인 동학을 탄압했다. 1863년부터 수배령이 떨어져 동학농민운동이 일어난 1894년까지 전국을 도망 다니며, 동학을 포교하던 해월 최시형은 체포를 피해 숨어다니던 중, 1898년 6월 2일 향년 71세로 목이 매달려 처형당했다. 원주에 숨어있다가 송경인의 밀고로 붙잡혀 결국 '고종에 대한 반역죄'로 재판을 받고 죽은 것이다.

이때 재판장, 즉 판사는 그 악랄한 조병갑이었다. 바로 전북 고부에서 1893년 전창혁을 죽이고 그 아들 전봉준에게 민란을 일으키게 한 만석보 탐관오리! 그가 어떻게 동학의 교조 그 위대한 해월 최시형에게 사형 판결을 내렸단 말인가.

근대식 재판이란 "니 죄를 니가 알렸다!" 식으로 온갖 고문을 가해서 자백을 받아내, 극형에 처하는 형태가 아니다. 검사가 죄를 수사하고 재판에 기소하는 형식을 취해서 사형 판결을 내린다.

이 재판에서 검사 역할이 누구였을까? 동학은 경상도와 전라도에서 모두 일어났고, 최시형은 강원도 원주에서 붙잡혔다. 동학군의 마지막 전투는 충청도 공주 우금치이다. 그런 사실에도 불구하고, 녹두장군 전봉준 때문에 당시 동학농민군 하면, 전라북도라는 이미지가 강하게 박혀 있었다. 그래서 전라북도 관찰사가 죄인을 압송해서 그 혐의를 보고했다. 이게 진실이다.

그럼 1898년 4월에 체포되어 재판을 받고 6월 2일에 처형된 해월 최시형 재판 당시 전라북도 관찰사가 누구인가? 1898년 3월 11일부터 1900년 7월 22일까지 전라북도 관찰사가 바로 매국노 이완용이다. 무려 2년 4개월여의 시간 동안 익산시 낭산면에 있는 천하 명당이라는 땅을 골라 못자리까지 봐 두었고 죽고 나서 실제 거기에 묻혀있었다. 지금은 물론 후손들이 부끄러워해 없애버렸지만.

실제 《고종실록》 기록에는 '검사 누구누구'라고 생전 처음 보는 사람들이 기록되어 있다. 그 사람들은 사건 발생 10년쯤 뒤에 당시 실무자들 이름을 적은 것에 불과하다.

<매불쇼>에서 이 주제로 이야기할 때, 작품 하나를 소개했

▶ 이진경 화백의 그림 '법대로'

다. 이진경 화백의 [1호 검사 이완용]이었다. 이전에 고암 이응노 화백에 관해 대화하다가 위 이야기를 꺼내자, 100% 공감하며 고마운 그림 한 점을 남겨주셨던 것이다. 그런데, 한국 근대미술관에서조차 이 그림만 팔리지 않았다. 필자는 이미 이진경 화백으로부터 이야기를 들어 알고 있었다. "역사기록에 1호 검사가 이완용이라는 기록이 없대요." 그렇다. 기록은 없다. 역사가의 진짜 역할은 그 역사기록의 숨겨진 공간을 찾아내는 일이다.

법학원 출신의 1호 검사는 이준이다. 맞다. 그 유명한 헤이그 밀사 이준이다. 그는 1905년 11월 을사늑약이 체결되자, 을사오적을 배신자로 규정하고 그들 모두를 탄핵하자고 했던 사람이었다. 그러한 반反이완용적인 처신과 용기를 보았기에 고종은 헤이그 만국평화회의에 그를 보냈던 것이다.

청일전쟁의 뤼순대학살

> 궁지에 몰리자 이토는 외통수를 만드니 바로 '전쟁'이었다.
> 일본군은 군인과 주민들을 몰살하는데, 이때 딱 36명만 살아남
> 고 다 죽었다고 한다.

청일전쟁은 일본이 조선을 식민지화하기 위해 벌인 최초의 침략
야욕 전쟁이다. 헌법 반포로 메이지유신을 끝낸 이토 히로부미
내각이 김옥균이 상하이에서 암살되고, 그 시체마저 빼앗겨 제
물포 항구에 들어와 토막 내어 조선 팔도에 보내지자 엄청난 책
임론에 시달리게 된다.

평소 이토 히로부미에게 반감을 지닌 반대파들은 이때 "김

옥균을 지키지 못하고 뭐 했나?"라며 이토를 궁지로 몰고 내각을 해산시키기 위해 힘을 쏟았다.

궁지에 몰린 이토가 외통수를 만드니 바로 '전쟁'이었다. 마침 조선에서 동학농민군이 관군에 맞서서 크게 승리를 거두었다는 이야기가 들려왔다. 조선 왕실에서 청나라에 도움을 청했다는 소식이 오자, 곧바로 9여단에 조선 출병을 명령하는 메이지 천황의 명령서를 만든다. 이토는 "하늘이 도왔다"고 했다.

조선 제물포로 들어오는 일본군은 그냥 물러설 기세가 아니었다. 자그마치 1만5천 명이나 됐으니, 일이 크게 벌어질 분위기였다. 경복궁을 범하고 고종을 사실상 포로로 삼았다.

옛적 일본만 염두에 둔 채 만만하게 보고 안일하게 대처한 청나라의 위안스카이는 1882년 임오군란 이후로 조선을 마음대로 다뤄오던 데서 이제는 안 되겠다고 판단해 도망간다.

곧 이은 서해 풍도 해전, 평택 전투, 그리고 평양 전투에서 연전연패하던 청나라는 이러다가 청나라 본국을 침탈당하겠다는 걱정이 들기 시작한다. 7월에 시작한 전쟁이 9월이 되어 평양까지 완전히 일본군 세력권에 들어가자, 황해 해전을 벌인다. 리훙장의 북양함대가 뽀하이(보하이)만에서 격전을 치렀지만, 패배하고 말았다. 정원호, 진원호 두 대표적인 청나라 함선은 모두 일본 해군의 막강한 진용 앞에 무용지물이 됐다.

뤼순, 다롄 항구가 모두 일본군에 점령당하면서 그 뒤에 벌어진 해전에서 또다시 산둥반도의 웨이하이웨이가 점령당한다. 해군 제독 정여창은 이토의 항복을 권유받았으나 깨끗하게 자결한다.

서태후가 함풍제 이후 섭정으로 나서면서, 청나라는 사실상 쇠퇴의 내리막길을 걷고 있었다. 그의 부정부패는 가히 전설적이어서 황해 해전의 경우, 청나라 군함에서 발포한 함포 포탄이 알고 보니, 그냥 나뭇등걸이었다는 전설적인 이야기가 있을 정도다. 이 말은 공식적으로 확인할 수 없지만, <EBS> 역사 다큐멘터리에서 정식으로 다뤄져 유명해졌다. 그 정도로 청나라는 심하게 썩어 있었다.

일본에서는 적어도 부정부패로 무기나 세금이 빼돌려지지는 않았다. 새로 만들어진 나라, 일본의 군대는 군기가 매우 셌고, 훈련이 잘되어 일사불란했다. 청나라는 쓰러져가는 나라의 자존심을 어떻게든 세워보려고 애를 썼지만, 육군에 이어 해군까지도 참패함으로써 이때 사실상 망하게 된다. 하지만 진짜 비극은 그때부터였다.

청군이 웨이하이웨이를 공격한 시기는 1895년 1월 19일부터였다. 산둥반도 공략은 제일 마지막이었다. 그 전에 1894년 11월 말부터 일본의 제1군 사령관 야마가타 아리토모의 지휘하에 오시마 요시마사, 오야마 이와오, 소네 아라스케 각 장군이 이끄는 병사들이 랴오둥반도를 치고 올라갔다.

이 와중에 오야마 이와오의 부대가 제2군으로 분리되어 야마가타의 부대와는 따로 작전을 수행한다. 뤼순, 다롄이라는 최고의 군사 요충지는 손바닥 뒤집듯이 쉽게 일본군의 수중으로 떨어졌다.

리훙장은 웨이하이웨이에 버티고 서서 해군 병력을 조금도 움직이지 않은 채 더는 뤼순에 보급해주지 않았다. 이때 청나라 전략은 "그래 일본아 랴오둥반도 먹고 떨어져라, 대신 더는 치고 들어오지 말라"였던 것 같다. 그러지 않고서야 이렇게 어리석은 행동이 이해되지 않는다. 이 작전도 결국 실패했다. 그러고 나서 랴오둥반도를 치고 들어갔기 때문이다.

뤼순에 상륙한 일본군은 대대적인 학살을 자행한다. 당시 주둔하고 있던 청나라 군대가 1만여 명, 거기 살던 주민들이 1만여 명이었다. 너무 쉽게 점령해서일까, 일본군은 군인과 주민들을 몰살하는데, 이때 가까스로 목숨을 건진 사람이 딱 서른여섯 명이었다고 한다.

세상에 이런 경천동지할 일이 어디 있는가. 2,000년 전, 로마가 지중해 건너 카르타고를 점령해 카르타고 사람들을 전부 다 죽이고, 건물들을 모조리 불태워 재만 남았을 때, 소금을 뿌려 갈아 엎어버려 한참 동안 풀도 나지 않게 했다는데, 일본의 뤼순 대학살이 딱 그러지 않았을까 싶다.

일본군은 '지금 항복하면 모두 살려주겠다'라고 거짓말을 해놓고, 주민들이 모두 모이자 학살을 자행했다. 이토 히로부미의 영원한 정적政敵 야마가타 아리토모는 그렇게 잔인한 인물이었다.

최근 국내 학자들 일부가 이토는 온건파였다고 주장하면서, 안중근 장군이 이토를 죽이지 않았더라면, 경술국치가 일어나지 않고, 그렇게 강력한 헌병경찰제도도 시행되지도 않았을 것이라고 말한다. 물론 이는 터무니없는 주장이지만, 이런 식의 막말이 나오는 이유는 야마가타 아리토모의 뤼순 대학살 과정에서의 잔혹함 때문이다.

일본군은 조선에 소규모 군대만 남겨둔 채 거의 모두 랴오둥반도와 산둥반도로 집결했다. 조선에 남겨진 소규모 부대는 그대로 조선의 공주 우금치에서 조선 관군에게 개틀링 기관총의 조작법과 크루제 야포의 조작법을 가르쳐줘 뤼순과 비슷한 2만여 명의 동학농민군을 학살한다.

러일전쟁 203고지 전투

대박해 사건이 벌어지며 국면이 완전히 뒤집힌다. 세계 제일의 유대 자본 로스차일드 가문이 일본을 후원하고 나선 것이다.

청일전쟁에서 이기며 '시모노세키 조약'을 체결한 일본은 청나라로부터 막대한 배상금과 함께 랴오둥반도를 획득한다. 전 세계는 '새로운 명예 서구열강이 탄생하는 것 아니냐'며, 엄청나게 들썩거린다. 이때 서구열강이라고 부를 만한 나라는 다음과 같았다. 대영제국, 프랑스, 독일제국, 러시아제국, 네덜란드, 그리고 미국이다.

네덜란드는 우선 이미 인도네시아라는 인구와 자원이 풍부한 식민지를 가졌기에 나머지 아시아에는 별로 관심이 없었다.

대영제국은 싱가포르, 말레이시아, 미얀마를 확보해 극동에서는 직접 활약한다기보다 대리인을 찾아 러시아의 부동항 획득을 막는 데 주력했다. 일본이 선택된 이유다. 영일동맹을 맺은 대영제국은 같은 편이라며 일본을 계속 지지해 줬다. 열강 중 러시아, 독일, 프랑스만이 일본을 달리 바라봤다.

우선 러시아는 만주로 꼭 내려가야 했기에 조선과도 잘 지내려고 했다. 일본이 만주에서 랴오둥반도를 차지하게 되면, 이 모든 계산이 틀어진다. 그다음으로 만주 전체가 손쉽게 일본의 손아귀에 떨어질 것이다.

얼지 않는 항구를 손에 넣고, 일 년 내내 자유롭게 무역하며 지내겠다는 러시아의 욕망은 일본이 랴오둥반도를 차지하는 걸 용납하지 않았다. 러시아는 동지를 찾기 시작했다. 독일제국이다.

독일은 1860년 아편전쟁을 마무리 짓는 '베이징조약' 때부터 중국 내 자국의 전진기지와 식민지를 함께 만들기 위해 세심하게 관찰하고 있었다. 그렇게 시야에 나타난 곳이 칭다오와 교주만 지역이었다. 이 지역은 산둥반도 아래쪽이다.

일본이 산둥반도 위쪽을 차지하고 관동주로 이름을 붙이려는 찰나, 러시아와 독일이 손을 잡는다. 영국과 러시아의 그레이트 게임에 깊은 반감을 품고 있던 프랑스도 합세한다.

러시아 주도로 독일과 프랑스 3국이 "일본에 랴오둥반도를 내 줄 수 없다"라며 간섭하기 시작했다. 영국은 슬그머니 손을 놓고, 등짐 진 채 돌아선다. 러시아에 프랑스와 독일까지 합세하니 그냥 모르는 척해버린 것이다.

일본은 당장 러시아와 한판 붙자는 분위기가 지배적이다가도, 대화나 회담은 한번 해보고 요구사항을 들어주든 말든 하자는 쪽으로 흘러간다. 러시아와 맞짱은 감정적으로는 충분히 납득할 만해도 당장 청일전쟁으로 피해가 막심해 현실로 이행은 어려웠다.

놀랍게도 일본은 랴오둥반도를 쉽게 포기해버린다. 회담에 임하기에 일본은 아직 국제외교 무대에서 어린애에 불과했다. 러시아는 그대로 랴오둥반도를 손에 넣고는 뤼순과 다롄 항구를 병참기지, 해군 기지화하며 만족해했다.

독일은 1897년과 1898년에 각각 칭다오와 교주만을 품에 넣었다. 러시아와 마찬가지로 성과에 만족해하며 철도건설을 기획하고 실행에 옮긴다. 청나라로부터 99년 동안 자기네 땅으로 삼는다는 약속을 얻어냈으니, 마치 영국이 아편전쟁의 전리품으로 홍콩을 얻어낸 것과 같은 성취를 이뤘다.

일본이 이를 가만히 보고 있을 턱이 있나. 자기네들이 전쟁을 치러가며 막대한 희생을 통해 얻어낸 전리품을 러시아와 독일이 차지하고는 자유롭게 이용하는 광경을 보자, 일본인들은 이를 부드득 갈아붙였다. 증오의 목표는 독일보다는 러시아였다. 랴오둥반도를 두고 일전을 벌일 태세였다.

1895년 10월 8일, 조선의 왕비 민비가 깡패 같은 일본 낭인들에게 난도질당해 죽었다. 러시아 쪽으로 붙으려는 조선 왕실을 일본이 직접 징계한 것이다. 이후, 고종과 순종은 러시아 공사관으로 '아관망명'에 성공한다. 러시아 공사 베베르가 성공시킨 외교술의 승리였다.

일본은 치밀하게 전쟁을 준비한다. 다카하시 고레키요를 미국에 보내, 일본 채권을 팔아 전쟁자금을 마련하고자 했다. 그런데 아무도 일본 채권을 사려 하지 않았다. 다카하시는 깊은 절망에 빠진다.

이때 저 멀리 동유럽의 몰도바에서 매우 잔인한 사건이 터진다. 몰도바의 키시네프에서 '유대인 포그롬', 즉 대박해 사건이 벌어지며 국면이 완전히 뒤집힌다. 세계 제일의 유대 자본 '로스차일드 가문'이 일본을 후원하고 나선 것이다.

몰도바의 유대인 학살은 제정러시아가 주도한 것이었다. 제정러시아에 깊은 증오심을 품게 된 로스차일드 패밀리는 가문의 사위, 제이컵 쉬프를 움직여 일본 채권을 사고, 일본으로 하여금 러시아와 전쟁을 벌이게 해서, 동유럽에서 러시아 군대를 극동의 일본 쪽으로 움직이게 한다. 러시아에는 차관을 끊고 투자마저 중단한다.

1904년 1월 21일, 마침내 일본은 한일의정서를 맺어 조선에 대한 확고한 우위를 확인한 뒤, 2월 6일 새벽 부산항구에서 러시아 선박을 공격해 나포한다. 러일전쟁이 시작된 것이다.

1904년 8월 1일부터 1905년 1월 4일까지 벌어진 '203고지 전투, 이른바 뤼순공방전에서 일본육군 3군 사령관 노기 마레스케는 "저 앞 고지가 203m라고? 그럼 뭐 3일이면 함락하겠구만, 하하하"라면서 코웃음을 쳤다. 그러나 일본은 무려 130여 일 만에 큰 희생을 감내하며 이곳을 차지한다. 러일전쟁에서 일본은 막대한 피해를 보며 상처뿐인 승리로 끝을 맺었다.

4

독립군과 제주 비극의 시작

소론과 독립운동

> 상대적으로 한미한 집안이 조선을 되찾자는 독립운동에 나서는
> 데, 이들 중 상당수가 소론 당색의 집안들이었다. 나철, 안중근,
> 이회영, 여운형, 정인보 등이 대표적이다.

일제하 독립운동은 대부분 소론 세력이 주도했다. 우사 김규식
같은 청풍 김씨 노론 집안도 있지만, 우사 선생이 언더우드 선교
사의 사실상 양자 같은 역할로 자랐으니 정통 노론이라고는
할 수 없다.

조선의 19세기는 (이 책을 보았다면) 모두가 알다시피 노론 시
파의 장동김씨(신안동 김씨의 일부분), 노론 벽파의 풍양조씨, 여흥민

씨 삼방파와 같은 노론 시·벽파가 정관계를 장악해 전권을 휘두른 세도정치 시대였다. 국권까지 빼앗기자 많은 노론 세력이 매국노 집안으로 전락한다.

이때 당시까지 권력을 잡고 있던 세력 중 상대적으로 한미한 집안이 조선을 되찾자는 독립운동에 나서는데, 이들 중 상당수가 소론 당색의 집안들이었다.

대종교를 중광重光시켜, 우리 뿌리를 찾자는 운동을 일으킨 홍암 나철의 불꽃 같은 생애, 황해도 출신으로 우리 민족의 가장 큰 거사로 이토 히로부미를 암살한 안중근 선생, 아나키스트로서 신흥강습소를 만주에 세워서 이를 결국 신흥무관학교로 만들어낸, 우리 민족 최고의 군사 지휘자 우당 이회영, 그리고 1947년 7월 19일 흉탄에 쓰러지기 전까지 3·1운동과 임시정부의 기획자이자, 일제 치하 최고의 인기 정치인이었던 몽양 여운형, 탁월한 조선사 연구자이자, 건국 이후 최고의 청렴 감찰관이었던 위당 정인보… 한 분 한 분 이름을 부르니 가슴이 벅차오른다.

이 다섯 분만 손꼽아도, 그 횡보는 참으로 엄청나다. 자신들을 써주지 않은 조선 왕조가 원망스러워 매국의 길을 갔어도 남았을 터, 어떻게 독립운동에 헌신했는지 신기할 정도이다.

소론은 역사학을 중요하게 여기고, 부국강병과 군신지의 같은 가치를 강조했다. 역사 속 우리 조선이 온갖 역경과 고난을 이겨낸 강한 나라임을 부각해 결국 조선이 독립하리라는 시나리오를 그리는 데 밑거름이 됐을 것이다.

조선에서 누리고 받은 거 하나 없던 그들은 조선 그대로의 독립을 원치 않았다. 되찾을 것은 왕정 조선보다 더 발전된 정치체인 민주공화제 조선이었다. 일본 제국주의를 무너트리고 되찾아올 것은 바로 '대한민국'이었던 것이다.

대한제국 순종 황제가 1907년 한여름에 즉위한 뒤, 조선 왕조에서 간신과 역신으로 취급받던 사람들을 하나둘 사면·복권할 때, 윤휴(1617~1680)도 여기 있었다. 1908년 4월 30일이었으니 죽은 지 228년이 지나서였다.

송시열에게 반기를 들었다는 이유로 온갖 회피와 금기의 대상이 되었던 그가, 사면·복권 시점에서 되살아나기 시작했다. 일절 반론을 제기하지 못했던 이 땅의 사학계에 다양성이라는 봇물이 터진 것이다.

완전한 자유를 얻지는 못했으나, 적어도 조선 유학에서만큼은 확실하게 기지개를 켰다. 이렇게 일어선 유학의 주적 개념은 당연히 매국노였다. 매국노들은 조선 유학, 특히 소론계 학자들에게 천하의 원수 개념이었다.

1762년 윤오월, 영조 38년 사도세자가 아버지 영조로부터 죽임을 당한 후, 정확히 248년 만에 조선(대한제국)은 멸망한다. "사도세자를 죽여라"가 벽파, "사도세자를 살려야 한다"가 시파라면, 노론 시파라는 절충점을 찾아서 조선의 19세기를 헤쳐나갔으나, 이마저도 노론 벽파인 풍양조씨에게 선두를 빼앗긴다.

벽파 세력은 천주교 박해를 기점으로 반대파를 모조리 찍어 눌렀다. 19세기에 네 차례나 벌어진 천주교 박해에서 조선이 보여준 거라고는 무능과 부정부패였고 대처는 잔인함 그 자체였다. 새로운 문물을 받아들이지 못하는 주체는 망하게 되어 있다. '내 것이 최고'라고 고집하는 순간 부정부패가 싹트기 때문이다.

천주교 박해 때, 기존의 조선 4색 당쟁 중 노론을 제외한 소론, 남인, 북인은 궤멸하다시피 됐다. 영남 남인들은 과거에 응시하지 못해 만 명이 상소를 올린다는 '만인소' 등의 이벤트성 정치 행각을 계속 벌일 수밖에 없었다. 이런 19세기를 보낸 조선의 벼슬아치라면, 나라를 팔아먹는 행각에 어찌 분노하지 않을 수 있었겠나. 그들이 어떻게 독립운동에 나설 수 있었을지를 곰곰이 생각해보면, 결국 왕정 조선을 해체하고, 민주공화제 대한민국을 창조하는 데로 생각이 미치게 된다.

대한제국이 망하면서, 양반·중인·상민·천민으로 지탱한 조선은 막을 내렸다. 그럼 그 뒤로 모든 신분과 집안이 싹 사라졌느냐 하면 전혀 그렇지 않다. 오히려 누구는 누구의 후손이고, 누구는 누구 첩의 자식이라는 둥 하면서 계급 질서가 더욱 강화된 느낌이다. 왕족은 왕족대로, 노론은 노론대로, 소론은 소론대로, 남인은 남인대로, 각자의 정체성을 보이지 않게 강화하고 있다. 왕정 조선을 타파하고 민주 대한민국을 탄생시키는 데 가장 큰 공을 세운 소론이 없었다면 역사가 어떻게 펼쳐졌을지 소름이 돋는다.

한 가지 안타까운 점이 있으니, 노론이 망치고 팔아먹은 국가에서 소론이 독립운동을 했으면, 대통령이 소론에서 나왔어야 했다는 것이다.

최운산·홍범도 장군
역사전쟁은 없다 1

> 훈련한 지역은 봉오동이었다. 군복, 무기, 군화, 소총, 수류탄 한 발 한발 전부 최운산의 재산이었다.

한쪽으로 기운 정권이 들어서면 마치 약속이라도 한 것처럼 '역사전쟁'이 선포된다. 2023년 8월 말부터 9월 초에 이르기까지, 육군사관학교 교정에 세워진 홍범도 장군 흉상을 치워버리겠다며 정부가 선언하면서 언론이 앞장서고 학계가 가세해 논란을 키웠다.

필자도 <매불쇼>에서 2023년 8월 28일에 "이건 있을 수 없는 유아乳兒적인 발상"이라고 분노를 억제하며 이야기하고, 8월

30일의 MBC 라디오 <신장식의 뉴스하이킥>에 출연해 "역시 유아적인 발상"이라고 말했다. 한마디로 이 의제를 꺼낸 정부의 역사관은 지나치게 양 극단적인 냉전주의다. 가슴을 칠 일이다.

무장투쟁의 역사에서 주적은 언제나 일본이었다. '주적 개념'이라는 것이 얼마나 중요한지, 주적을 중심으로 모든 군사교범이 짜지고, 모든 군대의 주둔 범위가 달라지며, 모든 정신훈련이 이에 맞춰진다.

현재 대한민국의 주적이 북한군이더라도, 1894년부터 1945년 8월 15일까지 우리의 주적은 일본 제국주의 군대였다. 그 군대를 격파하기 위하여 모든 작전과 교범이 짜졌다. 이 군대는 해방 이후, 대한민국 군대가 되었다. 민족상잔의 비극이 펼쳐졌고, 주적은 바뀌어 공산주의 북한이 되었다.

필자도 육군사관학교 안에 설치된 흉상에 가본 적이 있다. 2020년 서울시의회에서 서울시 자료집 《백문이 불여일견》을 진행했는데, 이때 노원구에 있는 육군사관학교를 방문해서 이 다섯 분의 흉상 앞에서 숙연히 묵념을 올린 뒤, 그들의 역사적 의의를 되새겼었다.

홍범도, 김좌진, 이회영, 이범석, 지청천 그분들의 모든 생애는 주적이 일본군이었다. 일본 제국주의를 무력으로 타도하기 위해서 일생을 바치신 분들이 분명하다. 역사 회로를 아무리 다르게 돌려보아도 이분들의 인생에 주적은 일본이다. 대한민국

군대의 장교를 만들어내는 육군사관학교에서 정신적인 교과서로 손색이 없다고 생각했다.

대한독립군과 광복군이 걸어온 길을 돌이켜보면, '가열찬 형극(고난)의 길'이라고 표현할 수 있다. 정식 정부의 군대가 아닌 바에야, 계속 걸어서 옮겨 다녀야 했다. 언제 붙잡힐지 모른다는 불안감에 서로를 의심할 수밖에 없었다. 떠돌며 남들의 뜻 모를

▶ 홍범도의 소련 입국 신고서. 직업 항목에 의병, 목적과 희망 항목에 고려독립이라고 쓴 것이 인상적이다.

비웃음에 가슴은 상할 대로 상했다. 환대해주어도 금방 등에 비수를 꽂아 넣는 배신을 당했다.

정상적인 사고를 하는 사람이라면 이렇게 사서 하는 고통을 이해할 수 있을까. 오직 죽기 아니면 까무러치기로 하루하루를 버티는 사람만이 이 고통을 이해할 수 있다.

홍범도 장군의 아내는 일제 식민지가 되기 전에 이미 세상을 버렸다. 그것도 일본군에 사로잡혀 온갖 회유와 협박이 난무하는 속에서 남편에 대한 희망을 놓지 않고 거의 스스로 죽다시피 했다.* 큰아들과 작은아들 역시 봉오동 전투에서 희생되었을 것이다. 홍범도 장군은 아내와 두 아들에 대한 원수를 갚는다는 측면에서도 조국을 위한 독립운동을 멈출 수 없었을 것이다.

최운산 장군은 봉오동 전투의 진짜 영웅이다. 천출인 홍범도와 비교해서, 최운산은 무인 양반 가문 출신으로, 몸소 노블레스 오블리주를 실천했다. 역사에 기록이 없어지면, 개인 역사는 사라지는 법이니 이 대표적인 사례가 최운산 장군이다.

봉오동은 최운산의 한인 집결촌이다. 그 마을 이름도 최운산이 지었다. 최운산은 러시아혁명 직후 적군과 백군이 대립하던 러시아 내전에서 백러시아 황제군대에 소속되어 싸웠던 체코군단이 퇴각할 때, 그 무기들을 모두 사들였다. 이 무기들로 우리

---

* 허를 깨물었다고 하는데, 정확하진 않다.

북로군정서 대한독군부 서로군정서의 모든 병사를 병합해 무장시켰다. 훈련한 지역은 봉오동이었다. 군복, 무기, 군화, 소총, 수류탄 한발 한발 전부 최운산의 재산이었다.

최운산 장군은 부인 김성녀 여사와 함께 수천의 군사 식량을 마련해 병사들에게 단 한 끼도 굶기지 않고 꼬박꼬박 해 먹였다. 하도 잘 먹여서인지 적어도 군량이 없어서 반란이 일어났다는 이야기는 없다.

일본군은 독립군이 이렇게 완벽하게 준비하고 훈련할 줄 전혀 눈치채지 못했다. 철저하게 대비하고, 치밀하게 준비한 독립군은 삼둔자에서 첫 번째, 봉오동에서 두 번째, 청산리에서 세 번째 치열하게 싸워 일본군을 처절하게 패퇴시켰다. 더 말할 나위 없는 우리 독립군의 대승이었다.

일본군은 보복을 위해 5만 명의 병력을 투입했다. 우리 독립군들은 연합해봐야 3천5백 명이 채 못 됐다. 하는 수 없이 후퇴했다. 독립군을 찾을 수 없게 된 일본군은 만행을 저질렀다. 남녀노소 가리지 않고, 독립군이 떠난 자리에 남았던 조선인들이 대신 피해를 봐야 했다. '간도 참변'이다.

일본군은 우리 간도 주민을 학살함으로써 독립군에 대한 복수를 갈음했다. 학살당한 그들이 후원해 독립군이 승리할 수 있었으니 이 얼마나 고약한 운명인가.

백선엽과 만주 독립운동

역사전쟁은 없다 2

> 1930년대 원종, 40년대 발행농장, 만주 화룡현 근처의 윤동주와
> 송몽규의 활약은 1930~40년대 명징한 독립군 기록이다.

머리말에서 한 보훈부 장관의 백선엽 장군에 관한 논란은 정리
가 필요하다. 역사전쟁의 단골 레퍼토리이니까.

보훈부 장관의 말을 정리하면 이렇다. "공부하면 공부할수
록 백선엽 장군은 친일파가 아니다. 현충원에 있는 안장 기록에
서 친일 반민족 행위자라는 기록을 삭제하겠다. 만주에서 독립
군을 때려잡았다는데 당시 만주에 독립군이 없는데, 어떻게 때
려잡느냐? 여기에 장관직을 걸겠다." 필자는 <매불쇼>에 나가

1930~40년대 독립군이 있었다는 증거를 이야기했다.

먼저 국가보훈부의 유튜브 채널이다. 지금으로부터 7년 전, 박근혜 대통령 때 올린 '독립운동의 현장, 만주를 찾아서'라는 영상이 있다. 첫 화면에 걸려 있는 사진은 양세봉 장군으로 1932~34년 만주에서 독립운동을 했다. 이 영상에는 10년대, 20년대, 30년대, 40년대 독립운동 기록이 나온다. 수원대학교 박환 교수가 30명을 끌고 한 달 열흘 동안 만주 일대를 돌려 답사해 찍은 영상이다.

간도특설대가 1940년대 우리나라 독립군을 실제로 짓밟았는지 아닌지도 논란이었다. 사실상 백선엽 장군이 1943년도부터 간도특설대에 복무한 것은 사실이지만, 그때는 독립군이 전부 와해하고 이때는 지원병제가 아니고 징집제였을 때라고 믿는 사람들이 많았다.

소래 김중건. 그는 독립운동가이면서 교주로, 천도교 영향을 받아 원종이라는 종교를 만들었다. 천도교가 무장 독립투쟁을 하지 않는 데 불만을 품고 자기를 따르는 백성을 데리고 만주로 가 독립운동을 벌이다 1934년도에 독립군 내부 알력 다툼으로 살해당했다.

1932년부터 치열하게 싸우며 확보했던 원종이 있던 자리는 현재 북한 혜산시 위쪽, 조선 자치현인 장백현이다. 마오쩌둥도 이곳을 조선의 자치현이라고 했다. 우리 교과서 어디에도 1930~40년대 원종 세력들이 치열하게 독립운동을 벌였다는 내용은 나오지 않는다. 이는 필자가 태국 방콕의 국제학교 교사로 있으면서 알게 된 역사였다. 일제강점기 역사를 전공한 필자도 어떻게 이런 분을 모를 수 있었는지 자존심이 상했다. 그러고 나서 더 자세히 찾아보니 원종을 기념하는 단체가 한국에도 있었다.

<매불쇼> 진행자는 김중건 선생은 30년대이고 팩트를 가리려면 43년 부근이 중요하다며 채근했다. 필자는 사진을 한 장 걸며 대종교총본사를 소개했다. 만주가 발해 땅이라고 강변하며 윤세복·백산 안희제 선생이 주도해 동(東)경성 근처에 발해 학교와 대종교를 세워 1930년대부터 자리를 잡았다.

부산의 백만장자 백산상회의 안희제 선생은 모든 가산을 정리하여 대종교 운동을 도우러 만주로 올라간다. 그 척박한 만주 땅에 지금으로 치면 커다란 타운을 형성하고 있던 대종교총본사는 간도특설대, 일본 관동군, 그리고 만주국 경찰이 합동으로 침범해 1942년에 파괴돼 버린다. 1942년부터 윤세복 교주와 많은 동료는 고진 물고문 등으로 목숨을 잃는다. 영화 <동주>에도 나오지만, 윤동주와 송몽규가 만주 화룡현 명동학교에 살며 활약한 때도 1942~43년이다.

해방 직후, 몽양 여운형 선생이 이광 장군에게 임무를 하나 주며 이렇게 말한다. "만주와 랴오둥 지역에서 팔로군에게 둘러싸여 오도 가도 못하는 우리나라 독립군 세력이 있다. 이광 당신이 만주에 인맥이 확실하니 가서 구해오라" 이광 장군은 만주로 건너가 "이 사람들에게 죄가 없다"며 협상 끝에 구출한다.

아마도 이준익 감독의 영화 <동주>에서 윤동주와 송몽규를 묘사한 내용을 제외하면 나머지 독립운동 기록이 생소할 것이다. 1930~40년대 독립군은 우리에게 친숙한 청산리전투의 김좌진 장군처럼 체계적인 단체도 있었던 반면, 동북항일연군이라고 해서 소규모로 중공군과 함께 많은 연대작전을 벌인 독립군이 많았다.

박경석(육사 2기로 한국전쟁에 참전) 장군의 증언이 있다. 1960년대 박정희와 김종필이 일본으로 건너가 한일수교회담을 했다. 이때 따라간 백선엽 장군이 많은 강연을 했다고 한다. '내가 옛날에 간도특설대 가서 독립군도 때려잡고…' 무엇보다도 백선엽의 일본어 회고록에 "내가 비판받아도 할 수 없다. 내가 독립군 다 때려잡았다."라고 썼다. 더 어떤 증거가 필요할까.

이형근(한국 1번 군번)과 이한림(박정희 대통령 동기로 경부고속도로 건설 당시 교통부 장관)은 '우리는 어쩔 수 없이 젊을 때 일본 육사 나오고 했지만, 간도특설대 저것들의 악행은 어떻게든 밝혀내 때려잡아야 한다.'라고 말한 기록이 나온다.

2020년 7월, 백선엽 장군이 죽었을 때 현충원에 묻느냐 마느냐로 논란이 거셌다. 그보다 6년 전인 2014년 그를 5 스타 원수 계급으로 올리느냐 마느냐로 다투다가 그때도 간도특설대 이력 탓에 무산된 적이 있었는데 현충원 안장도 마찬가지였다.

한국 역사에서 친일파가 제대로 처단하지 못했다고 하는데 제대로 처단했으면 어떤 상황이 됐을지 궁금하지 않나? 한국영상기자협회에서 필자에게 역사강의를 부탁해 제주도까지 가서 제주 4·3 때 만행을 저지른 박진경의 추모비를 찾아낸 적이 있다.

그 추모비는 원래 제주 추모묘지에 있다가 제주호국원으로 옮겨졌는데, 분노한 제주도민들이 추모비에 감옥처럼 쇠창살을 씌워놨었다. 필자는 제주도청에서 쇠창살을 치웠다는 말까지 듣고 갔던 터였다.

박진경 추모비는 실제 호국원 근처 3.5km 떨어진 풀들이 무성하게 자란 도로변에 아무렇게나 방치되어 있었다. 이를 보며 '정말로 권력은 무상하구나'를 느꼈다.

백선엽 같은 매국노의 친일 행적을 지우는 데 쓸 노력은 마땅히 알려지지 않은 독립군과 독립운동가들을 지원했던 우리 민중의 행적을 더 밝혀내 후세에 알리고 기억하는 데 들여야 하지 않을까.

19세기 제주도 위기의 서막

제주도는 1885년에 벌어진 '거의 마지막' 그레이트 게임이다.
블라디보스토크를 출항한 러시아 극동함대는 10월에 제주도를
점령했다. 지금의 제주시 산지항이 위치한 자리다.

제주도 여행을 가서 그 바다와 풍광을 보고 있노라면, 모든 근심
걱정이 사라진다. 최소한 아무것도 모르고 보면 그렇다. 그런데
뭘 좀 알고 보기 시작하면 여기는 단순한 휴양지가 아니다.

　과거를 거슬러 올라가는 눈과 귀를 가진 사람이라면, 이 천
혜의 자연경관 속에서 섬뜩한 공포와 처절한 죽음으로 얼룩진
비극을 발견하게 된다. 도저히 제대로 된 정신으로는 제주를 체

험할 수가 없다.

19세기 말, 제주도 인구는 30만 명 정도 되지 않았을까 싶다. 1953년도에 인구조사에서 약 20만 명이었으니 그 정도로 추산할 수 있다. 이상하다고 느꼈는가? 줄어들었다. 그것도 무려 10만 명이나 말이다.

말도 안 된다고 생각할 것이다. 6·25 전쟁이 제주도에서도 일어난 것도 아닌데 어떻게 그만큼의 사람들이 증발할 수가 있나 싶을 것이다.

인구조사는 틀리지 않았다. 저 줄어든 10만여 명 가운데 5할은 일본으로 건너가서 당사자는 물론이고 그 후손들이 오늘날 히로시마, 오사카, 도쿄의 재일한국인 사회를 구성하고 있다. 나머지 5할은 문자 그대로 사라졌다. 죽은 것이다. 비무장 민간인으로 모조리 국군 토벌대에 학살당했다. '양민학살'이다.

필자가 <매불쇼>에 나가 제주 4·3에 관한 이야기를 할 때, 이런 국제적 배경을 일일이 설명하기란 주어진 30분으론 턱도 없이 짧았다. 맛있게 요리해서 시청자에게 떠먹여 줄 수가 없었다. 그래서 이 책에 전부 소상히 밝히려고 한다.

비극의 씨앗은 19세기부터 나타났다. 정확하게 말하면 19세기 후반부터다. 세계 패권 경쟁, 그레이트 게임의 거의 마지막 분수령이 이 제주도에서 진행된다. 놀랍지 않은가?

그레이트 게임의 마지막은 1907년의 영러협상이다. 러일전쟁에서 일본에 패배한 러시아로서는 다른 선택지가 없었을 것이다. 따라서 제주도는 1885년에 벌어진 '거의 마지막' 그레이트 게임이 된다.

블라디보스토크 점령은 러시아로서는 엄청난 사건이었다. 19세기 그레이트 게임의 키워드는 오직 하나 '부동항'이었다. 겨울에 얼지 않아서 사시사철 무역이 활발한 항구를 얻기 위한 러시아는 영국과 거의 100년을 끌며 전쟁을 벌였다.

유럽 쪽으로부터 흑해의 크림반도, 걸프만, 아프가니스탄, 그다음이 극동이었다. 극동에는 부동항이 많이 있었다. 그중 하나가 블라디보스토크로 아이훈 조약의 산물이다.

러시아의 이러한 극동 진출에 대영제국은 조선의 조그마한 섬 거문도를 점령해서 무력 시위를 벌인다. 1885년 3월 1일의 일이다. 러시아도 가만히 있지 않았다. 블라디보스토크를 출항한 러시아 극동함대는 10월에 제주도를 점령했다. 지금의 제주시 산지항이 위치한 자리다.

러시아가 점령 이후에 무엇을 했는지는 정확하지 않다. 다만, 제주성에서 약간 대각선 맞은편 바다에 영국이 주둔하고 있었으므로, 많은 국제전문가가 두 나라의 교전 발생을 걱정하고 있었던 건 사실이다.

이는 일본으로서도 그야말로 천지가 크게 흔들릴 사건이었다. 거문도야 대한해협 위에 있는 자그마한 섬에 불과했지만, 제주도는 아니었다. 그 크기부터가 거문도와 비교조차 어려운 넓은 행정구역이었고, 러시아 황제 알렉상드르 3세의 성격이 워낙 괄괄하고 폭발적이어서 주변국들은 긴장하지 않을 수 없었다.

아, 그렇다고 조선이 긴장했다는 기록은 어디에도 없다. 팔자 좋게 "왜 우리 국토를 마음대로 기어들어 오느냐?"라며 그저 통상적인 수준의 항의가 전부였다. 한숨이 절로 나온다. 거문도에 들어온 영국군, 제주도에 들어온 러시아군을 향해 강력하게 무력 시위하며 나가라고 한마디 못 하는 자주 국가가 제대로 된 자주 국가인가. 이때 1885년은 임오군란과 갑신정변을 치르고 난 뒤, 나라가 아주 개판 오 분 전 상태였다.

러시아 함대는 블라디보스토크에서 출발해 쓰시마 섬을 지나 제주성으로 왔다. 지도에서 보면 알겠지만, 쓰시마에서 제주성으로 올 때, 거문도를 스치듯이 지나와야 한다.

러시아 함대는 제주성에서 영국의 거문도 점령군을 향해 얼마든지 무력을 쓸 수도 있었지만, 그렇게 하지 않았다. 보급의 문제가 컸던 까닭이다. 영국은 일본 해군으로 도움을 받을 수 있었지만, 러시아는 그럴 수가 없었다.

마침내 러시아는 제주성에 들어온 지 3개월 만에 철수를 결정한다. 오히려 영국군이 1887년 2월 5일까지 거문도에 머물렀다. 청나라 리훙장이 중재자로 나섰다.

영국과 러시아가 8월 2일에 아프가니스탄 협정을 조인하고, 작은 섬 거문도가 영국군에게 그렇게까지 중요한 역할을 할 수 없다고 계산기를 두드리고 난 후, 1886년 3월, 영국 외무성에서 퇴각 결정이 난 다음, 리훙장은 러시아와 협상을 벌였다. 그 결과 러시아는 영국이 거문도를 떠난다면, 자기네들도 조선의 영토를 치지 않겠다고 확언함에 따라 1887년 2월 5일, 영국이 거문도에서 최종 철수를 마친다.

그런데 그 전해인 1886년 10월 29일, 영국군은 최종 철수 결정 통보를 청나라에 먼저 한다. 아니 조선의 영토인데, 왜 청나라에 하는가? 청나라엔 10월 29일에, 조선 정부에는 11월 28일에야 철수를 통고한다.

위 사실들을 처음 알게 된 독자들이 많을 것이다. 영국의 거문도 점령은 한국사 교과서에도 있지만, 아주 간략한 내용만 적시돼 있을 뿐 그 외에는 전혀 모른다. 우리나라 국력이 2023년 현재 10위권이다. 이 부끄러운 역사적 사실들을 꼭 알아야만 한다. 근현대 역사를 잊은 민족에게 미래는 없다!

끓어오르는 섬 제주도
1898년 방성칠의 난, 1901년 이재수의 난

방성칠의 난 이후, 프랑스 천주교 선교사와 세력 들이 제주도로 들어와 벌였던 난봉질에 가까운 발악이 주요 원인이다.

1898년 2월 22일, 드디어 제주에서도 민란이 일어났다. 제주도는 쌀의 소출이 시원치 않다. 이는 역사 이래로 늘 있어 온 사회문제였다. 화산섬이라 쌀이나 보리 소출이 전라도 지역보다 훨씬 떨어진다. 그런데도 조선의 19세기 정치에서 백성들 삶은 뒷전이었다.

세도가문은 매관육작賣官鬻爵을 통해 관직을 팔아먹는 데 온 공력을 쏟았다. 지방관의 경우에 그 정도가 더 심했다. 중앙 세도가문에 돈을 바치면, 지방관 임기 중 그 돈만큼, 아니 그 돈보다 더 많이 수탈해 먹어야 한다. 백성들이 짊어질 부담은 가중된다. 이게 탐관오리가 백성들에게 주는 직접적인 폐해다.

이병휘라는 탐관오리가 있었다. 그는 1898년 제주에 지방관청 중 2등인 제주목濟州牧이 들어서자, 관직을 사 이곳에 취임한다. 생각해 보자. 그때는 이미 2만 명에 가까운 동학농민군이 우금치에서 학살당한 갑오농민전쟁부터, 민비가 죽는 을미사변, 왕이 러시아 공사관으로 도망간 아관망명까지 연이어 사달이 난 마당이다. 그런데도 매관매직이 이뤄졌다는 것을 알 수 있다. 도대체 조선이라는 나라는 그토록 뼈저린 역사에서 뭐 하나 배운 게 없는가!

1896년에 조선에선 두 번의 큰 지방관 제도가 도입됐다. 첫 번째가 23부제 개편, 두 번째가 13도제* 개편, 이게 오늘날까지 이어지고 있다. 이병휘는 이 중 제주부관찰사로 임명되었다가, 다시 13도제로 바뀌자 제주목사로 부임한다.

그는 이때부터 엄청난 착취를 자행한다. 이 해가 풍년이었는지 흉년이었는지는 모르겠으나, 제주도민들을 수탈하는 데는 전혀 상관이 없었다. 더구나, 제주도는 해산물이 풍성하고, 해녀

---

* 평안남 평안북 함경남 함경북 황해 강원 경상남 경상북 충청남 충청북 전라남 전라북 경기 [한양은 수도]

海女들이 전복·소라·멍게 등의 특산품을 많이 잡아 올린다. 말을 키우는 목장 또한 전국에서 으뜸이다. 제주목사는 이런 품목 각각에 무거운 세금을 매겨 강탈하기 시작했다.

어느 정도라야 견디지, 쥐어짜기식으로 뜯어가니 지렁이도 밟으면 꿈틀댄다고, 제주도민들은 분노하기 시작한다. 그중에서도 1891년에 전라남도에서 건너온, 이주민 방성칠이 주도해 이병휘 제주목사를 찾아가 '더는 이렇게 세금을 과하게 징수하지 말아 달라'고 간청하며 상소를 올린다.

이병휘는 들어주는 척하다가, 방성칠을 도로 잡아들이며 고문한다. 이때 제주도민은 정신이 번쩍 들어, 대대적인 민란을 일으킨다. 이것이 '방성칠의 난'으로 불리는 1898년의 변란이다.

이 변란은 실패로 돌아가지만, 그 상처가 아물지 않고 그대로 곪아 3년 뒤, 이번엔 제대로 된 민란으로 횃불을 올렸다. 신축년인 1901년에 일어났다고 해서 신축교안 즉 '이재수의 난'으로 명명됐다. 5월 14일 서귀포 대정읍에서 일어났다고 전해지는 이 반란은 소설가 현기영 씨가 쓴 《변방에 우짖는 새》라는 소설의 소재로 외부에 처음 알려졌다.

'이재수의 난'은 새로운 세기가 된 20세기에 조선에서 벌어진 첫 번째 민중항쟁이다. 반란은 주인공 이재수가 체포되어 서울 감영에서 교수형에 처하며 끝난다. 5월 14일에 시작해 6월 10일에 종결되었으니 뭐 이렇게 짧나 싶겠으나, 제주도라는 사면이 바다로 봉쇄된 섬의 특성상 불가피한 면이 있었다. 더구나 프랑스 함대가 5월 31일에 섬에 상륙해, 대대적으로 제주도민 학살을 예고하자, 자진해서 해산한 것이다.

이 반란은 방성칠의 난 이후, 프랑스 천주교 선교사와 세력들이 제주도로 들어와 벌였던 난봉질에 가까운 발악이 주요 원인이다. 방성칠의 난이 있고 난 뒤 고작 2~3년 정도 흘렀는데, 그 사이에 천주교 세력들은 고종의 "나와 같이 대해주거라" 하는 어명에 힘입어, 세금을 따로 걷고, 범죄를 저질러도 성당으로만 대피하면 잡지 못하는 특권을 누렸다.

이재수는 원래 몰락한 양반 오대현이 일으킨 소요를 그가 체포되면서 더는 이끌지 못하게 되자 1만 명에 달하는 반란군을 물려받은 터였다. 프랑스 신부와 천주교 신자 300여 명은 이재수 군대에 끌려 나가 참수당한다. 그 3년 동안 부녀자 겁탈, 시민 약취, 온갖 패륜적 짓거리를 일삼던 자들이었다. 5월 28일의 일이다.

곧 제물포항에 있던 프랑스 함대가 제주도를 향해 빠져나갔다. 이를 감지한 일본군은 곧바로 해군을 출동시켰다. 또다시 이를 감지한 미 해군이 군함을 빼돌려 제주도로 향한다. 미 군함에는 대한제국 관리와 군인들도 타고 있었다.

일본군은 프랑스군이 제주도에서 벌일지도 모르는 살육전을 미리 막기 위해 출동했고, 미군 또한 일본군을 지원하고자 뒤따랐다.

자칫 잘못하면, 영국·일본·미국이 한편, 프랑스 한편 이렇게 전함끼리 큰 교전이 벌어질 수도 있었던 상황에서, 이재수와 강우백은 "우리가 모든 책임을 질 테니, 공격을 멈춰주시오"라며 큰 결단을 내린다. 이에 애초의 반란자인 오대현도 "관노가 책임지겠다고 나서는데, 내가 양반의 몸으로 어찌 가만히 있을 수 있단 말인가"라고 적극적으로 나선다.

1만 명에 달하는 제주 백성들로 이뤄진 반란군은 이렇게 자진해서 해산했다. 2년 전에 대한제국 조정에서 파견한 봉세관封稅官 강봉헌은 파직당했다. 세금을 가혹하게 걷어서 도민들로부터 큰 원한을 산 것이다.

이 사건으로 일본은 조선에 영향력을 보이던 프랑스를 막고, 조선에 세력을 확장했다. 고종은 '자신에 대한 반란' 범위를 프랑스 천주교 세력으로까지 넓히려는 시대착오적 왕권 강화 정책을 쓰다가 실패했다.

06

1931~1932년 해녀항쟁

제주도민들의 '먹고사니즘'의 결핍은 마침내, 우도 성산리 구좌
면 종달리 하도리 주민들에게 대규모 항일운동으로 번졌다.

먹을 것이 풍부하면 인심이 나고 결핍되면 경쟁이 치열해지고
불편해진다. 제주도 이야기다. 육지에서 제주도에 가려고 할 때,
비행기가 결항이라도 되면 포기해야 한다. 풍랑이 거세게 일면
배도 뜰 수 없다. 육지에서 아무리 날고 기는 사람이어도, 일단
뱃멀미가 나기 시작하면 먼 바닷길을 평온히 가기 어렵다. 뱃사
공이 노를 젓거나, 범선이 돛대를 펼치거나, 증기선이 연료를 때
워도 쉽게 가기 어려운 섬이 제주도다.

그래서일까. 이 제주에는 온갖 신화와 전설이 풍성하다. 누구나 쉽게 가는 곳에는 신화나 전설이 자리하지 못한다. 제주도의 경우엔 '해녀항쟁'이 있다.

힘없는 여성들이 물질을 한다. 그것도 10대 소녀로부터 70대 할머니들까지 바다로 잠수潛水해 전복이며 해삼, 멍게, 조개들을 잡아 올린다. 농작물은 있어도 수확량은 적지만, 해산물은 넘치도록 복을 받았다. 사람들이 제주도에 사는 이유다.

지중해의 이탈리아 시칠리아섬 주변에는 전복이 나지 않는다. 대신 참치잡이가 성행한다. 제주도보다 훨씬 커서 농업이 발달했다. 시칠리아와 제주도는 똑같은 화산섬(에트나 화산)이지만, 시칠리아는 제주보다 훨씬 더 넓고, 인구도 508만(2015년 기준) 명에 달해, 제주도의 10배가 넘는다.

1931년, 일제강점기로부터 무려 21년이나 지난 어느 가을날, 아니 정확하게는 9월경, 전복과 감태를 캐온 하도리(제주도 오른쪽 우도 방면에서 토끼섬이라는 곳을 바라보는 해변에 위치) 해녀들은 해녀협동조합에서 값을 반으로 후려치자, 집단으로 반발한다.

집단 항의에 조합에서는 일단 원하는 값으로 주겠다고 했지만, 석 달이 지나도록 실행에 옮기지 않았다. 12월 21일, 해녀들은 자체적으로 회의를 열어 제주읍으로 가서 해녀조합사무소에 공식 항의하기로 했다. 그런데 파도가 너무 심해서 출항이 어려워지자 다음 해로 넘기기로 한 뒤 해산한다.

1932년 1월 7일 구좌읍으로 행진하기로 하고 세화장을 이용한 시위를 시작한다. 구좌면 면장은 이 시위를 보고 얼른 뛰어가서 "너희들 말대로 다 해줄 테니 제발 해산하라"며 애걸복걸한다. 오후 5시였다. 그녀들은 또다시 구좌면장의 사탕발림에 속아 넘어갔다.

쌓이고 쌓인 불만은 구좌면장의 설득으로 한시름 수그러드는 듯했으나, 또다시 후속 조처가 이뤄지지 않자 제주도사 겸 제주도 해녀 어업협동조합의 조합장 다구치가 취임한 뒤, 세화읍 장날에 다시 한번 시위를 벌인다.

마침 세화장 순시를 위해 자동차를 타고 오던 다구치는 해녀들에게 에워싸인다. 해녀들은 "우리의 요구에 칼로 대응하면 우리는 죽음으로 대응한다"라며 다구치에게 달려들었다. 제주도사는 요구 조건을 말해보라고 했다. 해녀의 요구 조건은 다음과 같았다.

1. 지정 판매를 반대한다(상시로 판매해야 한다)
2. 해녀 조합비로 걷어가는 세금 반대
3. 제주도사가 해녀조합장을 겸직하는 관례 반대
4. 일본 수산물 상인을 배척한다
…

해녀들은 항일적 조항들을 제시하며, 제주도사와 담판을 벌인다. 마침내 해녀들은 5일 안에 요구 조건을 들어주겠다는 제주도사의 답변을 얻는다. 그러나 이는 제주도사가 위기를 벗어나려는 술책에 지나지 않았다.

곧이어 제주도사는 무장경관대를 출동시켜, 1월 23일부터 27일까지 주모자 해녀들과 청년 수십 명을 체포한다. 해녀들의 시위는 부당함에 대한 정당한 발로였건만, 일본의 술책은 간교했다.

1월 26일, 하도리 건너편의 큰 섬 우도 해녀들은 하도리의 해녀들을 일제의 검거로부터 지키려고 일제 경찰들의 배를 에워싸며 집단 시위를 벌이기도 했다.

1월 27일, 김녕굴 근처의 종달리 해녀들이 이미 체포된 해녀들과 청년들을 석방하라며 시위하다가 무장경관대에 의해 해산됨으로써 이 해녀항쟁은 막을 내렸다.

제주도는 농업이 활발하지 못하다. 화산섬으로 섬 전체가 현무암 덩어리라 한라산의 물도 지하수를 이루고 흘러내린다. 이렇게 땅 밑을 흐르는 지하수는 섬 바깥쪽, 즉 바닷가에서 용솟음쳐 오른다.

전적으로 이 용천수에 기대어 농사를 짓기에, 농작물이 항상 모자라기 마련이다. 풍부한 해산물이 농산물 부족을 메운다. 해산물은 항상 고부가가치 작물인 전복이 중심이다. 전복값을 제대로 받지 못하면 제주도민들은 모두 굶주릴 수밖에 없다. 수탈하는 중앙권력도 이는 잘 아는 사정이었다.

전복은 어느 음식에나 들어가면 그 음식 이름 앞에 '전복'이라고 붙을 정도로 귀하고 귀한 해산물이다. 낯선 사투리 탓에 육지 사람과 제대로 소통하지 못하는 판국에 이렇게 핵심 수산물이 수탈당하니, 제주도민들의 '먹고사니즘'의 결핍은 마침내, 우도 성산리 구좌면 종달리 하도리 주민들에게 대규모 항일운동으로 번진 것이었다. 해녀항쟁은 천역賤役 중 하나였던 해녀 집단에 상당한 자긍심을 심어준 사건이기도 했다.

07

1944~1945년 일본 '결 7호' 작전
(제주도·가덕도)

한데 제주도 동굴은 해안가 야포를 숨기려는 목적이 아니었다. 미국 전함들이 공격해오면, 그대로 카미카제 어뢰선이 돌격해 들어가는 자살폭탄 어뢰를 숨겨놓는 곳이었다.

일본 제국주의는 1941년부터 크게 미쳐갔다. 전 세계를 대상으로 선전포고를 하다니 제정신이 아니었다. 1933년 국제연맹이 일본이 만든 만주국을 인정해주지 않자, 국제연맹의 상임이사국이던 일본은 아예 연맹을 탈퇴해버렸다.

국제연맹 탈퇴는 곧바로 전 세계를 향한 선전포고나 다름없었다. 1937년 7월 7일, 중국을 침입하고 만주국에서 북으로 치고 올라가려던 일본은 1941년 4월 소련과 상호불가침 조약을 맺고, 미국이 앞서 무역 금지 품목으로 지정한 철을 소련으로부터 공급받았다. 이에 격분한 미국은 다음으로 일본에 석유 수출을 금지한다.

일본이 '이건 무효'라고 주장하자, 미국은 만주를 제외한 전 지역에서 '일본군은 철수하고 독일, 이탈리아와 맺은 조약을 백지화'하라고 주장한다.

일본은 1941년 10월 17일 군국주의자 도조 히데키를 중심으로 내각을 수립하고 결전決戰을 선언한다. 12월 7일 말레이반도 침입, 하와이 진주만 공격, 필리핀의 미 공군 항공기지 급습… 이로써 태평양 전쟁이 시작된다.

태평양 전쟁은 넓게 보면, 미국과 일본의 대결이었다. 일본은 중국과의 일전도 계속 불살랐다. 1937년에 시작한 중일전쟁에서 일본은 내륙을 향해 전진 또 전진했다.

독립국인 태국을 제외한 전 아시아는 이미 서구열강에 지하자원과 인적자원의 수탈기지로 전락해 있었다. 프랑스는 베트남·라오스·캄보디아를, 영국은 브루나이·말레이반도·싱가포르·버마·파푸아뉴기니를, 네덜란드는 인도네시아를, 포르투갈은 동티모르를, 미국은 필리핀을 오랫동안 식민지배했다.

일본은 모든 동남아시아*를 점령한다. 1942년 6월 4일부터 7일까지 벌어진 미드웨이 해전에서 대패하기 전까지 일본군은 1938년부터 모든 전투에서 믿기 어려울 정도로 연전연승했다.

자신감이 지나쳤던 걸까? 일본은 미드웨이 해전부터 사사건 건 엉키고 만다. 유럽에서 히틀러에게 대항하기 위해 전력을 쏟았던 서구열강들이 조금씩 전열을 가다듬고 일본에 저항했다.

전황이 몰린 일본은 전략을 공격에서 방어로 수정한다. 일본 본토 결전! 일본은 미국이 일본 본토를 공격하리라고 예상했다. 전 일본 국민총동원(식민지 조선, 점령지역 중국·몽골 국민 포함) 체제를 선포한다. 이때 나온 작전명이 '결 N호' 작전이었다.

'결 N호' 작전 중 유일하게 '결 7호 작전'이 제주도와 낙동강 하구 가덕도에서 벌어졌다. 이 작전에 들어갈 모든 비용과 인건비는 0원으로 책정됐다. 모두 조선 민중들에게서 뽑아낼 작정이었다.

제주도는 결 7호 작전 외에도, 제주도 정드르 비행장(현 제주 국제공항)에서 중국 청킹을 향해 날아오르는 '대륙타통작전'에 투입될 제로센 폭격기의 이착륙장으로도 쓰였다. 참으로 지독한 놈들이다. 미국에 밀리면서도 중국에 대한 침략 야욕을 조금도

---

* 정말 이러기도 쉽지 않은데, 베트남, 라오스, 캄보디아, 태국, 버마, 말레이시아, 인도네시아, 브루나이, 필리핀, 싱가포르, 동티모르, 파푸아뉴기니의 12개국

굽히지 않았으니까.

청킹은 1938년부터 일본의 대규모 공습에 시달렸다. 지금도 1941년 6월 5일의 악몽 같은 수천 명 질식사의 현장*이 그대로 보존되고 있다. 이러한 대폭격은 일찍이 그 유례를 찾을 수 없을 정도로 지독하고 잔혹했다. 1938년부터 계속된 폭격은 1943년에 들어 '이제 매일같이 폭격하는 건 그쳤으니 축하할 일'이라고 했을 정도로 막대한 피해를 주었다.

결 7호 작전을 수행하기 위해, 가덕도에서는 해안가에 큰 야포와 대공포 기지가 갖춰졌다. 이를 숨기려고 해안가에 엄청나게 큰 규모로 절벽 동굴을 팠다. 이 동굴을 파는 데 1941년부터 부산 금정구 노동자들이 강제 동원됐다.

제주도 역시, 해안가에 절벽을 파고 들어가 동굴을 만들었다. 제주도 동굴은 가덕도처럼 해안가 야포를 숨기려는 목적이 아니었다. 미국 전함들이 공격해오면, 카미카제 어뢰선을 그대로 돌격하게 할, 자살폭탄 어뢰를 숨겨놓는 용도였다. '신요' '카이덴'으로 불린 이 어뢰들을 생산하고, 제주도민과 청년들에게 이를 운전하게 했다.

---

* 1941년 6월 5일, 중국 청킹 시에서 폭격이 시작되자 수천 명의 시민들이 방공호로 피해 들어왔다. 방공호로 누군가 침입한다는 소리를 들은 사람들은 문을 잠갔다. 그대로 질식사한 엄청난 비극으로 아직도 그 방공호 입구에는 그 참사를 추념하고 있다.

결 7호 작전에 제주도를 가장 중요한 요지로 생각한 일본이었기에 이런 정신 나간 짓거리도 가능했다. 일본 본토를 공격하기 전에 제주도에서 최대한 막겠다는 일념으로 무려 7만 명이나 되는 일본군이 제주도에 주둔했다고 전해진다. 당시 제주도 인구가 약 25만 명 정도였으니 얼마나 많은 군인이 와 있었는지 알 수 있다.

일본은 결 7호 작전을 통해 미군을 물리치기 위하여 정신 나간 짓을 서슴지 않고 저질렀다. 제주도 주둔 일본군은 가뜩이나 부족한 제주의 쌀 소출을 몇 배로 늘려 잡아 가혹한 수탈을 자행했다. 전투식량을 확보하려는 목적이었다.

보통 군사 식량은 한 해 소출량을 한 번에 몇 년 치로 잡아 예비 식량을 잔뜩 확보해둔다. 파괴되고 불 질러질 사태를 대비하기 위해서다. 제주도민들 심정이 어땠을지 상상할 수 있겠나. 이때 노역을 피해 제주를 빠져나가 일본으로 간 사람이 많았다. 천만다행이라고 해야 하나. 실제 전쟁은 벌어지지 않았다.

5

미국 손아귀의 해방 직후 한반도

마샬플랜 vs 몰로토프플랜

> 마샬플랜과 몰로토프플랜은 결정적으로 한반도를 분열시켰다. 김일성은 몰로토프플랜을 받아서 북한을 건설했다. 미국은 중국을 공산당의 품으로 넣어버리고 다시 한반도의 절반을 공산당의 품으로 편입시켰다.

1945년 이후 전 세계는 크나큰 변동을 겪는다. 세계적으로 전제 왕정이 사라지고 민주주의 국가들이 속속 들어섰다. 이제 국왕은 어떤 나라에서도 설 땅이 사라져버렸다. 세계 최강대국으로 미국이 떠올랐다.

　미국은 적을 바꾸었다. 이탈리아, 독일, 일본 등 기존 라이벌,

즉 파시즘 국가들은 이미 동지로 뒤바뀐 상태였다. 독일이 서독과 동독으로 갈린 것을 제외하면, 미국은 공산주의라는 이념에 중국이라는 거대 국가를 놓친 대신 소련으로 갈아탈 것처럼 보였다. 그러나 아니었다.

이제 적은 소련이었다. 정확히 말하면, 자본주의 대 공산주의의 대결이 시작된 것이다. 선거가 2년 또는 4년마다 축제처럼 치러지는가 아니면 전체주의로 무장한 세력이 국민 총선거 없이 계속 집권하며 정권을 교체하는가 경쟁이 펼쳐지게 됐다. 어째서 이런 양자 대결이 벌어졌을까?

2차 세계대전 당시 연합국 측 리스트를 꼽자면, 미국, 소련, 영국, 프랑스, 네덜란드, 중국 등이다. 추축국 리스트를 꼽아보자면, 독일, 일본, 이탈리아, 오스트리아, 루마니아 등이다. 이들은 모두 패전국가로 1945년 8월 이후 상당한 굴욕을 겪어야 했다.

미국과 소련은 분명히 연합국가이다. 독일에 맞서 싸웠던 두 나라는 전후 1945년 8월부터 1947년 6월까지 전 세계를 펴놓고 자기 세력권을 넓히기 위해 한 치의 양보도 없는 접전을 펼쳤다. 세계는 혼란에 빠졌다.

독일의 뉘른베르크에서 나치 전범재판이 열리고 1946년부터 극동군사재판 등을 시작하며, 독일과 일본의 전범들에게 형벌을 내리느라 분주했다면, 1947년 7월부터는 서유럽에 전후 복구사업을 원조해 주니 그 자금이 자그마치 133억 달러에 달했다.

영국에 제일 많은 32억 달러, 아이슬란드에 제일 적은 4,300 만 달러 등 프랑스, 독일, 이탈리아, 네덜란드, 벨기에, 룩셈부르크, 오스트리아, 덴마크, 노르웨이, 그리스, 튀르키예, 스웨덴, 스위스, 아일랜드, 포르투갈 등에 미국의 자금이 뿌려졌다. 그중 독일은 동독지역에는 지원되지 않았고, 이탈리아는 천만다행으로 정권이 반파시스트 세력으로 넘어갔기에 지원받을 수 있었다.

상황이 이렇게 되자, 소련은 당시 몰로토프 장관의 이름을 빌려 동구권 국가들의 경제 협력 강화 계획을 세웠다. 미국과 맞불을 놓은 셈법이었다.

세계 냉전 구조는 이렇게 시작되었다. 소련의 계획이 주로 동유럽에 걸쳐 있어 그렇지, 처음엔 전 세계를 대상으로 했다. 세계 여러 나라는 미국과 소련의 엄청난 재정을 가지고 싸우는 이 싸움을 찍소리 못하고 받아들여야 했다.

해방된 대한민국도 마찬가지였다. '마샬플랜'인지 '몰로토프 플랜'인지 한쪽을 선택해야 했다.

미국은 유럽에 전력을 쏟는 한편 상대적으로 아시아에는 신경을 덜 썼다. 이러한 와중에 중국 공산당이 국민당 장제스와의 대결에서 승리를 거두고 대만으로 쫓아낸다.

김일성이 북한 지역을 나눠 먹는 데 성공하고, 6·25 사변을 일으킨다. 중공의 대륙건설과 북한이라는 세계적 빌런의 등장은 마샬플랜의 가장 큰 해악으로 꼽힌다.

이 플랜끼리의 대결은 또 다른 해방 지역인 동남아시아에도 엄청난 영향을 끼친다. 오래전부터 동남아시아에서는 오늘날 '국가'라는 개념이 없었다. 서구 열강인 영국, 프랑스, 미국, 네덜란드, 포르투갈 이 다섯 나라가 각자에게 필요한 자원 분포에 따라 마음대로 국경선을 나누어 지배했던 게 오늘날 국가의 기원이다. 당시 거의 모든 동남아시아 나라들은 지금과는 전혀 다른 국경선을 갖고 있었다.

동남아시아 국가는 1941년부터 1944년까지 약 4년 동안 일본제국에 쓸려 들어갔다가 다시 무방비상태로 돌아갔다. 이때를 틈타 1945년 이후, 일본에 점령되기 전 짧게는 수십 년에서 길게는 수백 년간 이들을 지배했던 서구 열강들이 다시 돌아왔다. 그러고 나서는 종주권을 주장하며 또다시 식민지배를 하려고 했다.

버마는 영국에, 인도네시아는 네덜란드에, 베트남·라오스·캄보디아는 프랑스에, 말레이시아는 영국에, 필리핀은 미국에, 파푸아뉴기니는 영국에 동남아시아 8개국은 처절하게 저항한다.

돌아온 서구열강들은 모두 미국의 마샬플랜을 기반으로 식민지 수탈사업을 재가동하려 했다. 그러나 인도네시아의 독립운동 지도자 수카르노는 미국 대통령 트루먼을 만나 '마샬플랜을 중단해달라'고 요청한다. "마샬플랜 때문에 서구열강들이 다시금 식민통치를 재개하러 오지 않느냐"라는 항변이었다. 베트남의 호찌민과 인도네시아의 수카르노는 결국 프랑스와 네덜란드 본국과 식민지 해방전쟁을 치르게 된다.

마샬플랜은 서유럽에 공산주의를 막는 역할만 충실하게 해냈을 뿐 혼돈을 불러일으킨 판도라 상자 그 자체였던 셈이다.

마샬플랜과 몰로토프플랜은 결정적으로 한반도를 분열시켰다. 김일성은 몰로토프플랜을 받아 북한을 건설했다. 미국은 중국을 공산당에 넘겨준 다음 한반도의 절반을 공산당 품에 편입시켰다.

유럽과 아프리카, 석유 자원으로 중요성이 더해가는 중동에서 미국이 우위를 점하기 위해 극동아시아와 동남아시아에서 공산주의가 팽배해지는 광경을 지켜봐야만 했다. 이것은 미국의 불가피한 선택이었다. 부작용은 곧바로 나타났다.

건국절은 언제인가?

1948년 9월 1일, 대한민국의 모든 공직사회의 뉴스를 전하는 '대한민국 관보 제1호'에 [대한민국 30년]이라는 연호를 쓰며 이를 증명했다.

대한민국은 언제부터 대한민국인가? 대한大韓이라는 말은 대한제국부터 일반적으로 쓰였다. 조선을 대신한 '대한'이라는 말은 대충 알겠는데, '민국民國'이라 하면 '민주주의 공화국'이라는 말이 아닌가. 왕이 통치하는 왕정국가가 아니라, 시민이 왕이라는 의미이니 왕권신수설王權神授說이 아닌 천부인권설天賦人權說을 근본으로 해서 헌법으로 제정한 정권이 들어선 것을 말한다. 고로 언제부터인가?

이 이야기를 꺼내는 일도 웃기지만, 역사전쟁이 시작되면 끊임없이 논란이 일어나니 한번은 짚고 넘어가야 한다. 결론부터 말하면 대한민국은 1919년 4월 11일부터이다. 다시 말해, 3·1운동 직후 대한민국 임시정부 수립 이후부터다.

대한민국 임시정부, 즉 대한민국이라는 국호를 정식으로 쓰는 데서 이 시점이 우리나라가 약 반만년의 국왕 통치 시절이 끝나고, 시민들이 주인 되는 나라가 된 것이다. 그 후로 104년 동안 깨어있는 시민이 나라의 주인이라는 원칙이 정립됐다.

〈대한민국 임시정부 임시헌장 BY 조소앙〉

제1조 대한민국은 민주공화제로 한다.

제2조 대한민국은 임시정부가 임시의정원의 결의에 의하여 이를 통치한다.

제3조 대한민국 인민은 남녀 귀천 및 빈부의 계급이 없고 일체 평등하다.

제4조 대한민국 인민은 종교, 언론, 저작, 출판, 결사, 집회, 통신, 주소 이전, 신체 및 소유의 자유 등을 향유한다.

제5조 대한민국 인민으로 공민 자격이 있는 자는 선거권 및 피선

거권을 가진다.

제6조 대한민국 인민은 교육, 납세 및 병역의 의무를 가진다.

제7조 대한민국은 신神의 의사에 의하여 건국한 정신을 세계에 발휘하며, 인류의 문화 및 평화에 공헌하기 위하여 국제연맹에 가입한다.

제8조 대한민국은 구舊황실을 우대한다.

제9조 생명형, 신체형 및 공창제를 전부 폐지한다.

제10조 임시정부는 국토 회복 후 만 1년 내에 국회를 소집한다.

임시정부는 총 5차에 걸쳐 개헌을 했다. 국가의 3요소인 영토, 주권, 인민을 전제로 헌법에 기반을 둔 헌정 체제를 계속 유지했다. '헌법은 임시정부의 정당성과 합법성의 원천'이라는 생각을 계속 가지고 있었기 때문이다.

대한민국은 민주공화제로 한다는 이 조항은 그대로 현행 대한민국 헌법의 제1조 1항 '대한민국은 민주공화국이다'로 계승되어 오늘날에 이르고 있다. 이는 앞으로도 절대 변하지 않을 체제 정당성에 관한 조항으로 1919년 4월 11일을 기점으로 대한제국에서 대한민국으로 바뀌었다는 주장에 힘을 싣는다.

1919년 1월, 우사 김규식에게 상하이 신한청년당은 크나큰 임무를 부여한다. 1919년 1월 18일에 1차 세계대전의 종전을 기넘하여 전후 처리 문제를 논의하기 위하여 프랑스 파리에서 강화회의를 개최하는데, 김규식을 우리 대한의 대표로 파리 강화회의에 보내기로 결의한 것이다.

김규식은 국내에서 엄청난 소요사태인 만세운동을 일으켜 달라며 부탁하고 파리행 배에 올랐다. 국내에서 만세운동이 일어나야, 지도 어디에 붙어있는지도 모르는 식민지 조선을 세계가 주목하지 않겠느냐는 판단이었다.

파리 회의장엔 오로지 정부만, 합법적인 정부만 입장할 수 있었다. 초청장을 받지 못한 김규식, 여운홍 일행은 들어가지 못했다. 곤란한 상황을 상하이에 타전하자, 여기저기서 임시정부 수립 운동이 일었다. 1919년 3월 1일에 일어난 만세운동과 4월 11일에 세워진 임시정부는 이렇게 천신만고 끝에 태어났다.

그래서다. 상하이 임시정부는 당연히 민주공화제로 만들어지게 된 것이다. 대통령으로 이승만이 세워졌다. 영어로 세계 각국의 정치 수반들과 능통하게 대화할 인물이었던 것이다.

이승만과 김규식은 각각 세계의 정치 수반들과 대화하기 위해 갖은 노력을 다하였으나, 어느 열강도 우리의 '대한민국' 임시정부를 정부로 인정하려 들지 않았다. 1차 세계대전 이후 세계질서를 편성하기 위한 모임이었기에, 1차 세계대전의 승전국인 일본의 일방적인 주장만 받아들여질 뿐이었다.

'민족자결주의'의 원칙은 오스트리아 제국 휘하에 있던 동유럽의 약소국가들, 튀르키예 제국 휘하에 있던 중동과 동유럽의

국가들에게만 허락되는 개념이라는 것을 김규식과 이승만은 알
게 되었다.

세계로부터 인정받지 못한 대한민국 임시정부 때문이어서
일까? 뉴라이트 계열의 역사학자들은 1948년 8월 15일을 건국절
로 제정하자고 한다. 볼 것도 없이 매우 잘못된 생각이다.

세계로부터 인정받지 못했다고 하는데, 1919년 당시 세계가
오늘날의 세계인가 하면 그렇지 않다. 그때 세계는 미국, 영국,
프랑스, 러시아, 일본 등 강대국들이 만든 식민지가 거의 90%를
차지했다. 약육강식이 동물의 세계뿐만 아니라 인간 사회에서도
진리라는 삐뚤어진 우생학과 찰스 다윈의 자연선택적 진화를 왜
곡한 '사회진화론'이 맹위를 떨치며 식민지 개척을 정당화하던
이상한 사회였다.

천박한 이념 속에서도 우리 민족은 과감하게 민주공화제라
는 지고의 사회적 이념을 채택하여, 26년 만에 해방을 이뤄냈다.
1948년 9월 1일, 대한민국의 모든 공직사회의 뉴스를 전하는 '대
한민국 관보 제1호'에 [대한민국 30년]이라는 연호를 쓰며 이를
증명했다.

마오쩌둥과 장제스의 만주 대결
(창춘대학살)

중국은 어떻게 해서 공산주의의 땅이 되었을까? 마오쩌둥이라는 한 지도자가 영웅적으로 투쟁하고, 국민당의 장제스는 부정부패가 너무 심해서 민심을 잃었다고 해석해야 할까? 그렇다고 하기에 마오쩌둥이 1949년에 전 중국을 통째로 얻은 이후에 보여준 행태가 한심스럽기 짝이 없으므로 위 말들을 믿을 수가 없다.

중국의 국공내전은 일본에 의해서 촉발되었다고 해도 과언이 아니다. 1927년부터 1936년까지를 1차 국공내전, 1946년부터 1950년까지를 2차 국공내전으로 분류하는데, 엄밀히 말해서 2차 국공내전은 아직 끝나지 않았다. 지금도 중국과 타이완 정부는 전 세계 곳곳에서 갈등을 일으키며, 세계 최악의 외교 관계를 형성하고 있다.

1944년부터 일본은 이치고 작전이라는 '대륙타통작전'을 벌인다. 중국 화북지방에서 남방의 홍콩, 광저우 식민지 사이가 너무 멀어 중국 식민지를 관통한다는 이 작전으로 식민지 조선의 제주도 등을 출발한 일본의 폭격기가 양쯔강 일대를 쉴 새 없이 공격했다. 이때 중국민들의 장제스에 대한 거의 모든 신뢰는 바닥으로 떨어졌다. 중국의 화남 지방, 즉 양쯔강 이남 지역에서만 1천만 명에 가까운 사망자가 나왔다.

주민들은 미국과 유럽으로 도망치듯이 떠나야 했다. 죽거나 이민하거나 포로로 잡혔다. 장제스 국민당을 향한 중국민들의 증오가 어떻게 훨훨 타오르지 않을 수 있었겠나.

물론 이를 중국 국민당의 탓으로만 돌릴 수는 없다. 당시 일본군 화력은 중국과는 비교할 수 없을 정도로 우월했다. 장제스는 양쯔강 상류의 청킹에 머무르면서 왕징웨이의 친일 정권*과 대결하느라 정신이 없었다. 중국 공산당은 이 기회를 보며 장제스를 칠 만반의 태세를 하고 있었다.

---

* 1938년부터 전 중국은 신新 삼국지라고 할 정도로 3개의 중국이 싸우고 있었다. 우리가 잘 아는 모택동의 중국공산당, 장제스의 국민혁명군, 그리고 세 번째가 왕징웨이의 친일 중국이었다. 북경으로부터 상하이에 이르는 광대한 일본의 대중국정복 영토가 모두 왕징웨이라는 한간, 즉 한민족 첩자의 소유였다.

1934년 10월부터 1935년 10월까지 꼬박 1년이 걸려 장시성을 탈출해 옌안(연안)에 도착하며 대장정을 마친 중국 공산당은 옌안 시에 소비에트의 새 수도를 정비했다.

마오쩌둥은 이때부터 만주 화북군벌 장쉐량과 협상을 통해, 항일의식을 고취했다. 마침 옌안으로 온 장제스를 불법 감금하고 2차 국공합작을 이뤄낸다.

1937년 일본이 쳐들어오자 본격적으로 일본군과 전쟁을 벌이고, 중국 공산당은 제8로군으로 개편되어 장제스의 지휘를 받지 않고 독자적으로 항일작전을 펼친다. 일본의 대륙타통작전이 개시되자 장제스의 군대는 연전연패했다.

장제스 국민혁명군은 조사통계국장 다이리의 활약에 기대를 건다. 남의사藍衣社의 활약이었다. 남의사는 항일을 겸한 테러 조직이었다. 정규군의 대규모 작전이 통하지 않을 때 개별적인 테러가 효과적이다. 그들의 악명은 특히 왕징웨이 친일 중국과의 대결에서 빛을 발했다. 그러던 다이리가 1946년 3월 17일 남경에서 비행기 사고로 죽고 말았다. 2차 국공내전은 그로부터 3개월 후 1946년 6월에 시작되었다.

최고의 작전참모이자 정보부장 다이리의 공백은 컸다. 내전이 시작되자, 처음에는 장제스의 국민혁명군이 마오쩌둥의 수도 옌안을 포위하기까지 했으나, 함락하지는 못했다. 더구나 장제스의 국민혁명군은 이미 민심을 잃은 데다가 인플레이션이 너무 심해서 경제가 붕괴해 버렸던 것이다. 하긴, 몇 세대를 전쟁만 해온 중국 땅에서 장제스는 허덕일 수밖에 없었다. 엎친 데 덮친 격으로, 만주 동북지방에서 처참한 소식이 들려왔다.

1948년 5월부터 11월까지 국민당군 10만 명과 인구 50만 명이 살던 만주 창춘시를 중국 공산당 린뱌오(임표)가 철조망과 보초로 둘러싼 뒤에, '식량은 못 들어가고 사람은 못 나온다'라는 극악의 포위 아사 작전을 벌인 것이다.

안쪽 국민당군과 바깥쪽 공산당군 사이 철조망 지대에 있던 '치아즈'라는 지역에는 굶어 죽은 사체와 그 시체를 뜯어먹으려는 야생동물, 다시 그 야생동물을 먹으려는 사람들로 아비규환이 펼쳐졌다. 최소 30만 명이 굶어 죽었다. 이 참상은 전 세계에 타전되며, 마오쩌둥 공산당에 대한 평가를 극한으로 치닫게 했다.

대학살이 일어나기 2년 전인 1946년 5월 23일, 장제스의 국민당 제1병단은 시민의 뜨거운 환영을 받으며 창춘을 점령했다. 장제스는 이를 자신을 향한 국민의 환대로 판단하고 지나치게 안심한 나머지 제7군과 제60군만을 남기고 철수한다.

이 부대는 중국 윈난성 출신으로 이뤄져 추위에 취약했다. 창춘이 중국 공산당의 만행으로 마오쩌둥 휘하에 들어오자, 전세는 완전히 역전되었다. 마오쩌둥은 1949년 1월 31일 베이징으로 입성했고, 파죽지세로 양쯔강을 건너 4월 23일에는 국민당 정권의 수도 난징을 함락한 뒤 5월 27일 중국 최대 도시 상하이를 손에 넣는다.

　마오쩌둥은 이어 10월 14일 광저우를, 11월 30일 중화민국의 수도였던 청킹마저 손에 넣는다. 12월 10일 대륙의 마지막 거점이자 장제스 정권의 최후 항전지였던 청두마저 함락하고, 12월 27일에 인민해방군이 청두에 입성하면서 중국 땅에서 국민당군을 완전히 몰아냈다.

　마오쩌둥은 타이완섬 사이의 전략적 요충지인 진먼도에 포격을 퍼부었으나, 중화민국 군대가 이번만큼은 물러서지 않았다. 하지만 거기까지였다. 하이난섬과 홍콩섬 인근의 완산군도 전투, 그리고 상하이 부근 저우산 군도와 다천섬에서도 패퇴해 오늘날의 소위 양안兩岸 관계가 형성되었다.

대한민국 비선 실세
제임스 하우스만 미국 대위

> 박정희의 20년 세월 동안 수많은 희생을 낳은 인권탄압과 경제발
> 전이라는 양대 산맥을 놓는 데 기여한다.
> 박정희가 죽었을 때도, 다음 사람을 전두환으로 정해놓은 장본인
> 이다.

1946년 7월 26일, 한국에 들어온 제임스 하우스만. 이 존재는 우
리 대한민국 현대사에서 최고의 비선 실세였다. 모든 학살과 부
정행위에 이 제임스 하우스만의 존재는 절대적이었다. 조선정판
사 위조지폐 사건부터, 1981년 5월 18일 광주민주항쟁에 이르기
까지 어느 하나 이 악마의 손길을 거치지 않은 것이 없었다.

그는 조선국방경비대, 즉 국군의 모체가 되는 단체의 창설을 지원했다. 베로스 대령의 보좌관을 지냈으며, 1948년 제주 4·3 사건이 벌어졌을 때, 그 악독함으로 유명했다.

먼저 제주도로 출동한 박진경은 자신의 통역장교였다. 그가 부하들, 즉 문상길 중위 등에게 암살당하자, 곧바로 제주도로 내려가 문상길 재판을 끝까지 지켜봤다. 총살형이 집행되자, 다시 확인 사살하며, "이 빨갱이들!"이라고 말하는 강렬한 반공 의식을 드러냈다.

제임스 하우스만의 진면목은 여순반란사건에서 확연히 드러났다. 또한, 6·25 초기, 한국 측 서울 철수 당시 가장 악명높은 사건인 '한강 인도교 폭파 사건'의 최종명령권자로 강력하게 추정되고 있다.

일개 대위가 한국을 담당한다? 미국이 한국을 얼마나 덜 떨어진 나라로 인식했는지 아주 잘 보여주는 대표적 예가 이 '제임스 하우스만'이다. 그것도 1946년 초기부터 1981년 한국을 떠날 때까지 무려 35년 동안이나 계속해서 한국 정·재계를 포괄해 전 부문에서 미국 대리인 역할을 했다는 데 경악을 금치 못한다.

제임스 하우스만은 제주 4·3부터 여순사건, 6·25, 4·19, 5·16까지 현대사의 큰 물줄기는 물론이거니와 약 20년에 가까운 박정희 통치 시절을 지나, 최규하와 전두환의 초기 시절까지 모조리 장악하여, 결국 5·18 광주민주화항쟁까지 마치 청나라

말기 섭정처럼 관여했다.

이 같은 비선 실세의 존재는 일절 알려지지 않다가 21세기에 들어서야 조금씩 그 흑막이 걷히며 최근에는 한국 초기 35년을 연구하는 기본 사료로 쓰이고 있다.

초기 대한민국에서 국방경비대의 확립은 매우 중요한 사건이었다. 1905년 우리가 최초로 국권을 침탈당한 을사늑약에서 국방권과 외교권을 빼앗겼기에, 조선 국방경비대야말로 그로부터 41년 만에 국방권을 되찾아오는 일이었다.

국방경비대에 만주에서의 만주육사와 일본육사 출신 인사들이 대거 선발된다. 이상하지 않은가? 우리는 독립했는데, 왜 점령국 시절 일본에 충성을 맹세했던 자들을 임명했을까? 대한민국 임시정부 소속의 광복군과 당시 중국 화북지역에 주둔했던 조선의용군 출신들도 버젓이 있었는데 말이다. 이때 발탁된 이형근, 백선엽, 백인엽, 박정희, 정일권, 신현준 등 일본육사 출신들은 끊이지 않는 역사전쟁의 한복판에 서 있다.

이유는 1946년부터 중국에서 본격적으로 벌어진 국공내전에 있었다. 중국의 권력이 모택동에게로 갈지, 장제스에게로 갈지 확정되지 않은 상황에서 대한민국 임시정부는 그 사상의 기반이 자본주의인지 공산주의인지가 명확하지 않았기 때문에 믿을 수가 없다는 게 제임스 하우스만의 기본입장이었다.

대단히 우둔한 관점이다. 이 문제가 어떻게 미국의 일개 대위가 종합해서 판단하고 결론을 내릴 만한 사안인가? 이 기본입장은 지금까지도 우리나라 정치는 물론 모든 분야에 심대한 악영향을 끼치고 있다. 정판사 위조지폐* 사건부터 제주 4·3, 몽양 여운형과 백범 김구 암살사건까지 민족정기를 바로 세우고자 한 모든 피와 땀이 일거에 제자리로 돌아가고 종국에는 '반민족행위자특별법'까지도 이승만에 의해 폭압적으로 해체되고 말았으니 이 노릇을 어찌 말로 다 표현하겠는가.

반발 분위기는 거셌다. 한국말을 잘하는 사람은 미군정에 몇 명 없었다(한 명도 없다는 표현을 쓰기에 자존심이 상해서 몇 명으로 했다). 미국은 통역이라는 한정된 수단을 통해서만 한국민들 마음을 읽었다.

하우스만은 1960년 당시 4·19 때는 한국말이 상당히 유창했던 거로 알려졌다. 이미 한국에 머무른 지 14년이나 된 데다가 그냥 살기만 했어도 한국어를 상당히(?) 잘 구사하는 것처럼 보이기 마련이니 전혀 대단할 게 없다.

하우스만은 4·19가 발생하자, 이승만을 버리고 다음 지도자를 찾는다. 역시 대한민국 국민의 선택과는 크게 관련 없는 박정

---

* 해방 이후, 최초의 사법살인 사건. 1946년 5월, 독립운동가와 노동자에게 '조선정판사'라는 인쇄소에서 위조지폐를 만들었다는 누명을 씌우고 고문하여 자백을 받아냈다. 해방 직후 최고의 인기 독립운동가였던 동덕여자고등보통학교 교사 이관술이 희생당한 것으로 악명높으며, 친일 경찰 노덕술의 악행을 널리 알린, 매우 기분 나쁜 사건이다.

희를 선택한다.

하우스만은 박정희의 20년 세월 동안 수많은 희생을 낳은 인권탄압과 경제발전이라는 양대 산맥을 놓는 데 결정적인 역할을 한다. 박정희가 죽었을 때도, 다음 사람을 전두환으로 정해놓은 장본인이다. 그 1980년 우라질 같던 우리나라 최악의 해, '서울의 봄'*에 이어 5·18 광주민주화운동 그리고 11월 30일 언론 통폐합을 조정해놓고는 마침내 한국을 뜬다. 미국이라는 나라의 힘을 유감없이 보여준 제임스 하우스만, 그는 어떤 생각으로 이 대한민국을 주물렀을까.

제임스 하우스만이 대한민국 국군 상임위원으로서 바라본 대한민국 35년은 한마디로 후진국이었다. 국력이라곤 없는 상태로 해방을 맞이하고, 전쟁을 치르고 나서 전후 복구사업을 하고, 미국 대외전략에 따른 군사독재정권을 맞이해 일본과 수교를 맺고, 그 대가로 얻은 차관으로 경제를 건설했다.

경부고속도로를 깔고, 경부선 철도를 재보수하며 남북통일 사업에도 나섰다가 실패하고, 박정희를 4번이나 대통령에 앉히고 유신정권으로 직선제 민주주의를 짓밟게 했다.

---

* 1979년 10월 26일, 박정희 암살사건으로 유신체제가 붕괴하고 다음 달 12·12 군사쿠데타에 이어, 5월 17일 전국에 계엄령이 선포될 때까지 한국에 민주화의 희망이 찾아왔던 기간.

미국은 자기네 나라에서는 민중 선출제 권력이지만, 자신들을 바라보는 개발도상국들에는 고달픈 성장통을 강요했다. 인구가 적고, 국토도 좁은 싱가포르를 제외하면 우리나라가 선진국으로 발전을 이룬 거의 유일한 사례다.* 어떤 일들이 구체적으로 그동안 벌어졌던 것일까?

▶ 제임스 하우스만

---

* '유일한'이라고 쓰지 않고 '거의 유일'이라고 쓴 이유는 타이완의 존재 때문이다. 타이완은 일본의 식민지였다는 점에서, 우리나라와 완전히 흡사하다.

6

슬픈 땅 제주 그리고 여순

이승만, 하우스만 그리고 조작
제주 4·3의 국제정치학

> 결론이다. 제주 4·3 사건의 총책임자는 이승만 대통령이요 지휘 명령권자는 제임스 하우스만이다. 사건의 성격은 공안조작사건 이다.

제주도에서 무슨 일이 있었던가. 필자가 처음 대학에서 역사를 공부할 때, 제주 4·3은 빨갱이들이 김일성 지시로 이승만 대통령에게 먼저 반기를 들고, 이 반기를 잔인하게 진압한 사태 정도로 여겼다. 밋밋했다.

아마 지금도 많은 사람이 예전 필자 상태에서 얼마나 더 나아갔을지 모르겠다. '진압 과정에 많은 사람을 오인 사격했을 것이다. 이에 대해 보상을 요구하는 것이니, 정치권이 양극단으로 나뉘어 보상해준다 못 한다는 지리멸렬한 싸움이다.' 정도의 판단에서 더 진전된 인식을 찾아보기 어렵다. 참사에 대한 국가의 조처는 그렇게 돈 문제로 프레임을 전환하는 데 성공한 것처럼 보인다.

<매불쇼>에 나가 28년 동안의 역사 공부에 결단을 내리니, 많은 사람이 금시초문이라며 특히 제주도에 사는 사람들이 상술上述한 이야기를 많이 했다. 공교롭게도 그들에게는 공통점이 하나 있으니 4·3 당시 제주에 살았던 사람들이 아니라는 점이다.

만약 1948년에 10살이었다면, 이 이야기를 하는 시점에 87세가 된다. 87세 할아버지, 할머니께서 '정확하게 무엇을 알고 있다'는 발언 자체가 의심스러울뿐더러, 지난 군사정권 당시에 철저하게 비밀을 엄수하지 않으면, 곧바로 연좌제에 걸리는 시국에서 기억 자체가 엉망으로 편집됐을 가능성이 있다.

책을 통해 부탁하고 싶다. 필자가 방송에서 이야기한 모든 것에 찬반으로 나뉠 것이 아니라 먼저 들어주기를 바란다. 60~70대분들은 1947년에서 1954년에 이르는 약 7년 동안 이 제주도에 살아 있었던 적이 없는 분들이니, 더 말할 것도 없고, 80대분들은 살아 계실지라도, 당시 지극히 어린 나이였으니, 4·3의 국제사까지 알기란 어려웠을 것이다.

결론부터 말하겠다. 제주 4·3 사건의 총책임자는 이승만 대통령이요 지휘 명령권자는 제임스 하우스만이며 사건의 성격은 공안조작사건이다. 이 사건의 총책임은 한국과 미국 정부에 있어 이 두 정부에 책임을 물어야 옳다. 또 대한민국과 미국 정부의 양민학살 사건이다. 이것이 필자가 내린 결론이다.

왜 미국 정부가 일부를 책임져야 하는가? 그 남쪽 휴양지에 불과한 곳을 차지하고 그렇게나 사람들을 많이 죽였다는데 그럼 진짜 몇 명이 죽었을까? 당시 제주도 인구가 30만 명이었는데, 모두 합쳐서 2만 명가량이 죽었다고 되어 있다. 천만의 말씀이다. 4만 명 가까이 제주도 현지에서 죽었고, 또 다른 2만 명은 한반도로 끌려가서 죽거나, 일본으로 도망갔다. 그래서 필자는 최소한 6만 명이 1947년 3월 1일 이후에 제주 4·3 사건이 원인이 되어 죽었다고 판단한다.

미국은 제주도에 특별한 상처가 있다고 볼 수 있다. 앞에서 언급한 '결 7호 작전'과 몽양 여운형의 조선인민위원회*가 남긴 상흔이 제일 크다. 하지만, 몽양은 결국 1947년 7월 19일에 서울 혜화동 로터리에서 암살당했다. 이 피살은 엄청난 파동을 불러

---

* 몽양 여운형의 조선인민인위원회는 1945년 8월 15일 당시 조선 한반도 내 모든 행정구역에 존재했다. 이 중, 1947년 7월 19일 여운형 암살 이후로도 남아있던 가장 강력한 세력이 제주도의 조선인민위원회였다. 그들은 이승만의 단정 수립론에 펄쩍 뛸 정도로 반대했다.

일으켰다. 중국이 공산당 품으로 넘어가는 상황에서 미국으로서는 일본은 확실한 아군이니 됐고, 대한민국이 미국 편으로 넘어오는 일이 중요했다. 해서 이승만을 시켜 제주도를 확실하게 짓밟기를 강요했을 수 있다. 이승만은 이 강요의 탈을 쓴 제의를 받아들였기에, 추후 대한민국의 수장이 될 수 있었다. 1948년 4월 3일 이후의 일이다.

제주를 탈출한 많은 사람이 대한민국으로는 되돌아갈 수 없었다. 가면 죽임을 당할 수 있었기 때문이다. 이들은 모두 일본으로 갔다. 이 중 다시 한국행을 선택하기도 했는데, 선택이라기보다 일본으로 가는 밀항선 뱃머리가 향한 곳이 한국이었을 뿐이다.

1947년의 제주는 아름다운 관광지이자 최고의 휴양지가 아니었다. 1941년부터 1945년까지 일본군에 가장 큰 수탈을 당했던 곳이다. 일본군은 1945년 11월이 되어서야 전체가 빠져나갔는데, 원래 주둔했던 병력이 약 7만 명이 있었다고 전해지니, 섬 전체 크기에 견줘 일본군이 얼마나 큰 규모로 주둔했는지 알 수 있다.

일본으로서는 중국, 일본, 만주, 식민지 조선에 이르기까지를 한꺼번에 관리하는 기지로 제주도를 낙점한 것이 당연했다. 그래서 2차 대전 말기인 1943년부터 제주도가 엄청난 수탈을 당한 것이다. 그럼 이 만행이 왜 유명하지 않을까?

어찌 되었건 제주도에서 2차 세계대전에 관한 큰 전투가 없었기 때문에 8월 15일 이후에 미군이 제주도 군사시설 등을 본격적으로 접수하기 시작해, 11~12월에야 끝낸다. 그다음 미국은 제주도를 전국 8개 도의 하나인 제주도로 승격하고, 일본군이 지난 4년간 수탈한 곡식을 똑같이 강제로 빼앗기 위해 미곡 수탈량을 보존했다.

일본군이 했던 자료를 그대로 내밀어야 한 개 도로 승격시킬 논리가 선다는 궤변이었다. 전라남도의 한 개 지방 현이 아니라, 제주도로서 본격적으로 수탈하겠다는 건데, 이는 제주도민들의 큰 반발을 불러왔다. 본격적인 4·3 민중항쟁의 불꽃은 이렇게 타올랐다.

1946년은 건너뛰고, 1947년이 되었다. 작년 쌀 수탈에 대한 반감이 타올랐다. 일촉즉발의 상황, 1947년 3월 1일, 제주도 내 3·1절을 기념하기 위해 사람들이 관덕정에 모였다.

제주 4·3은 김일성 지령?

제주 4·3의 극우 반공주의

> 김일성이 김달삼을 배후에서 지령으로 4·3을 일으켰다는 주장은
> 아무런 근거가 없다. 서북청년단으로 구성된 무장민병대를 꾸준
> 히 보내 무력 진압을 획책하던 이승만은 박진경에게 사실상 제주
> 도를 끝장낼 것을 사주한다.

1947년 3월 1일에 시작된 4·3 항쟁에서 무려 1년이라는 기간은
예열기에 해당했다. 1948년 4월 3일에 시작된 남조선 노동당 출
신 김달삼이 제주도 24개 경찰지서 중 12개를 공격하면서 본격
화한다.

이때부터 한국전쟁을 지나 1954년 9월 21일 한라산 금족령이 풀리면서 햇수로 무려 7년 동안 제주도라는 빠져나갈 수 없는 섬에서 무차별 학살, 강간 등 인간의 탈을 썼다면 도저히 저지를 수 없을 최악의 범죄가 제주도민들에게 가해진다.

이는 새로 출범한 대한민국 정부가 용납할 수 없는 '정권의 정통성'에 대한 심각한 도전이었다. 특히 5·10 총선의 경우, 남한 단독 정부수립을 위해 기획된 것으로, 제주도민은 '이에 응할 수 없다, 통일 정부를 만들어달라'라고 요구했는데, 이를 전혀 받아들이지 않고 밀어붙여 제주도 관할 3개 선거구 중 1개 선거구만 정통성을 인정받는다. 나머지 2개 선거구는 아예 선거가 무효화되었다. 이는 제주도 도민들의 정확한 민심이었다. 여기서 이승만 대통령은 곧 중앙정부 차원의 무력 대응을 선포한다. 반란군 진압이었다.

2023년 2월, 여당에서 전당대회 당 대표 최고위원 후보로 출마한 한 후보는 "제주 4·3은 김일성의 지시로 벌어진 사건"이라고 말한다. 자신이 북한에서 고위 외교관으로 근무하다 온 사람임을 내세우며 북한에서는 그렇게 가르친다고 주장했다.

지지자들 사이에서 한바탕 난리가 났다. 갑론을박을 벌이며, 특히 극우주의자들은 자신들이 전부터 가지고 있던 제주 4·3의 빨갱이 논리에 긍정 논거를 찾았다며 광분했다. 한심한 일이었다.

김대중, 노무현 정부에서 '제주 4·3은 양민학살'이라고 결론

지으며 더는 거짓이 통하지 않으리라 생각했다. 문재인 정권에 와서 제주 4·3에 대한 역사적인 평가가 끝났다고 판단했는데, 왜 갑자기 다시 무한반복 빨갱이 타령이 계속되는가. 더군다나 대통령이 제주 4·3 기념일에 불참하는 놀라운 일이 벌어졌다.

아직도 뭐가 맞는지 아리송한가? 다시 한번 말하겠다. 제주 4·3은 어디까지나 공안조작사건이다. 나머지 큰 집단을 반공 의식으로 묶기 위해서 다른 집단을 공산당으로 엮은 다음, 무자비하게 쓸어버리는 것을 말한다. 그렇게 얻는 이득은 어떤 집단도 공산당을 자기 정당이라고 말하지 않게 된다는 데 있다. 적어도 그만한 양민학살을 자행할 때 그 정도까지 각오하지 않으면 안 되는 것이다.

1948년 4월 28일 김익렬 중령, 국방경비대 9연대장은 여러 차례 평화교섭을 원했다. 무장토벌대의 김달삼은 이를 받아들이려고 했으나, 사태는 최악으로 치달았다. 김달삼은 북한으로 망명한다.

그는 1948년 8월 21일 황해도 해주에서 열린 남로당 인민대표자 대회에 참여했고, 제주 4·3의 진행 상황을 밝히며 자기 자신을 홍보했다. 김일성은 "제주가 어딘지는 모르지만, 남쪽의 큰 섬에서 그렇게 활약"한 것에 대한 치하로 김달삼을 국가훈장 2급 수여에 북한 헌법위원회 위원으로까지 위촉된다.

1948년 8월 21일 이후, 김달삼이 김일성에게 인정받은 사실

▶ 김달삼

은 있지만, 김일성이 김달삼을 배후에서 지령으로 4·3을 일으켰다는 주장은 아무런 근거가 없다.

　이승만은 또다시 박진경이라는 중령을 내보냈다. 그는 제임스 하우스만 대위의 통역장교였다. 1948년 5월 6일이다. 응원경찰이라고 해서, 서북청년단으로 구성된 무장민병대를 꾸준히 보내 무력 진압을 획책하던 이승만은 이때 박진경에게 사실상 제주도를 끝장내라고 사주한다. '제주도민을 빠져나갈 수 없게끔 한 뒤 그 안에서 모조리 사살하라'는 의미였다.

　명령을 받은 박진경은 한 치의 망설임 없이 그 계획을 실천으로 옮길 세부 작전 명령을 하달한다. 이렇게 수천 명을 체포했다. 공포 작전은 이렇게 시작됐다.

그러던 6월 18일, 박진경 대령*은 새벽에 자다가 자기 부하 문상길 중위 등에게 암살당한다. 제주도민 30만 명을 모조리 죽여도 상관없다던 박진경은 그렇게 저세상으로 갔다.

제주 4·3은 그때부터 완전히 지옥 불에 떨어졌다. 새롭게 부임한 송요찬 9연대장은 전례 없는 강력한 진압 작전을 전개했다. 10월 20일 이후 해안선으로부터 5km 안에 있던 중산간 마을에서는 우리 군경들이 대놓고 민간인들에게 총을 난사해 죽였다. 악명높은 다랑쉬 동굴의 학살 현장 등 중산간 지역의 제주도민들은 거의 모조리 숨졌다.

어째서 이렇게까지 잔인할까? 어째서 이렇게까지 흉포할까? 군인, 경찰들에 죽어 나간 사람들 대부분이 비무장이었다. 만에 하나 무장하는 사람들이 있었다고 치자. 이렇게까지 무자비하게 죽여야만 했을까.

극우 반공주의란 반공주의 중에서도 가장 극렬하게 상대방을 대한다. 즉, 죽음을 놓고 자기와 반대되는 세력을 상대하는 극단적인 이념이다. 해방 이후 우리나라를 지배한 이념이 바로 극우 반공주의가 아니고 뭐란 말인가.

---

* 이승만은 1948년 6월 1일부로 박진경을 중령에서 대령으로 진급시켰다.

제주 4·3의 명칭을 무엇이라고 정해야 맞을까. 4·3이라고 하니 일의 출발점을 놓고 벌어진 사건으로 생각하기 쉽다. 1980년 5·18은 '광주민주화운동'이라고 정확하게 명칭이 있는데, 4·3은 어찌 된 영문인지 여러 부르는 말에도 아직 국가에서 명칭을 명확히 하지 않았다.

이럴 때는 '이 사건이 무엇을 지향했는지'를 보고 판단해야 한다. 무엇을 함께해서 이루고자 했지만, 실패한 사건이 열쇳말이다. 제주 4·3은 허리가 뚝 잘린 분단 정부가 아닌 '통일 정부' 즉, 정상적인 한반도 정부를 위한 싸움이었다.

제주 4·3은 분단 세력들에 짓밟혀 실패했고, 지금까지 그 분단 세력들이 정권을 잡은 덕(?)에 이름조차 가지지 못한 채 여태껏 그 통일을 향한 진실이 왜곡되고 있다. 지금이라도 제대로 된 이름을 가져야 한다. '제주 4·3 통일운동' 이것이 필자가 제안하는 이름이다.

제주 4·3과 재일조선인 사회
부산 영도 '깡깡이 아줌마'를 아시나요?

그것이 부산 영도의 명물, '깡깡이 아줌마'였다. 이 깡깡이 아줌
마가 애초부터 있던 건 아니다. 1950년대 이후, 제주 4 · 3을 피해
서 도망 온 사람들이 주가 되어 만들었다.

제주 4·3에서 기적적으로 도망친 사람들 중 약 90%는 일본으로
건너갔다. 일본 역시 GHQGeneral Head Quoters의 산하에서 군정 치
하를 겪고 있었기에 정국이 매우 혼란스러웠다. 이 때문에 일본
으로의 피난, 즉 '보트피플'은 입국심사를 강화할 거라는 예상과
는 달리 순조로웠다. 오사카와 히로시마 사이에 있던 효고현, 대
도시 코오베를 중심으로 한인들이 자리 잡기 시작한다.

그들은 해방되었으니 우리 말글을 교육할 학교를 세워달라고 요청했다. 그래봤자 일본인들이 예전처럼만큼은 탄압하지 못하리라 확신했다.

1948년 4월 24일 일본 효고현에서 벌어진 4·24 교육 투쟁, 일본이 금지한 우리 말글, 한글 교육을 허락하라는 운동이 벌어졌다. 결론부터 말하자면, 이는 절반의 성공, 절반의 실패였다.

두 달간의 격렬한 투쟁 끝에 미국 맥아더 정권이 이를 받아들여 한글 교육을 시행했지만, 얼마 가지 않아 일본 정부가 모두 원점으로 되돌려버렸다. 잠시나마 한글을 교육할 수 있어 다행이었지만, 석 달 만에 없던 일로 되어 버렸다.

이때부터 '재일교포 사회'라는 독특한 정체성을 지닌 사회가 출현한다. 일본은 이를 줄곧 깎아내린다. 국적도 주지 않고, 주민등록번호도 부여하지 않는다. 동경, 오사카, 히로시마 그리고 가나자와에 분산 수용되어 이룬 재일교포 사회엔 약 60만 명에 이르는 한국인이 있었다.

일본의 재일교포는 해방 직후 과연 어떤 사회적 취급을 받았을까? 형편없었을 것이다. 사람 취급 못 받았다고 보는 게 제일 정확하다. 그래서 일본인인 척해보고, 다른 나라 이방인처럼 행세하며 아무튼 한국인임을 티 내지 않고 사는 게 제일이었다. 여기에 엎친 데 덮친 격으로 제주 4·3 같은 지옥문이 열린 것이다.

그 비극에서 죽지 않으려고 일본으로 향한 사람들 가운데 극소수는 부산 영도로 가고, 대다수는 일본 오사카로 향했다. 일본 오사카로 류流입入되어 흘러갔다. 히로시마 오즈마치(아사미나 미구)에도 사람들이 몰렸는데, 일본에서 최대 규모의 조선인 거류지는 뭐니 뭐니해도 오사카의 이카이노 지역이다.

히가시나리구와 이쿠노구 사이에 있는 하도우기 시 일대로, 이 지역에만 재일본 조선인의 절반 정도인 30만이 살고 있다. 북한을 따르는 조선인총연합회(조총련)과 우리나라를 따르는 재일본거류민단으로 나뉘어 싸운다. "같은 민족으로서의 협력?" 같은 구호는 어디에서도 나오지 않는 그야말로 꿈과 같은 단어였다. 이카이노 지역은 '돼지를 키우는 곳'이라는 뜻에서 돼지 곱창, 즉 일본말로 '호루몬'이라는 아주 저급한 냄새가 나는 요리를 파는 곳이었다. 그 냄새를 온종일 풍기면서 사는 재일교포들을 일컬어 "이카이노 또 센징(돼지와 조선인)"이라며 멸시하고 천시했다.

그들은 정상적인 직업마저도 가질 수 없었다. 야쿠자, 가수, AV 배우 등과 같은 직업만이 허락되었고, 자영업은 빠칭코 등의 저열한 업종만 영위할 수 있었다. 청소부, 경비 등으로 소비되는 우리 민족을 상상해보라.

내겐 어린 시절에, 일본 교토에서 오는 이모할머니가 한 분 있었다. 이모할머니는 일본인 의사와 결혼해서 일본으로 귀화했다. 일본 사회에서 기적에 가까운 일이었다. 일본인 의사는 이화

여전을 나온 우리 친척을 제 몸같이 아꼈던 것으로 기억한다. 이 모할머니께서 이 같은 사정을 자세히 얘기해주셨다.

중학교 3학년 때로 기억한다. 우리 할머니께서 부산 영도구 대평동에 있던 영세 조선소로 필자를 데려가셨다. 그때 받은 충격은 지금도 뇌리에 선연하다. 아줌마 수십 명이 배의 벽면에 올라탄 채 "깡 깡 깡" 배를 두드리고 있었다.

저게 뭣 하는 일인가 싶어서 보고 있는데, 할머니께서 이렇게 말씀하셨다. "성아야. 저 사람들이 무얼 하는 사람들로 보이느냐?" 필자는 대뜸 "무엇인지 모르지만, 할머니 여기를 어서 나가요. 쇠 두드리는 소리 때문에, 귀가 먹먹하고, 쇠 냄새 때문에 죽을 거 같아요."라고 말했다.

할머니께서는 "그래, 쇳내, 그 쇳내를 잠시만 맡고 있어라. 이 사람들이 이 냄새를 맡는 이유가 있단다. 배가 들고 나면, 반드시 배에는 바다 조류와 따개비가 달라붙어 칠을 다시 해줘야 하는데, 그때 저렇게 망치로 때려야만 따개비나 조류가 완전히 떨어져 나가서 새롭게 칠해주는 데에도 효과가 크대"

그것이 부산 영도의 명물, '깡깡이 아줌마'이다. 처음부터 깡깡이 아줌마가 있었던 건 아니다. 1950년대 이후, 제주 4·3을 피해서 도망 온 사람들이 주축이 되어 형성됐다. 그중에서도 여성들이 이 일을 도맡았는데, 배 줄에 매달려서 작업을 해야 하니, 몸집이 작아야 했던 것이다.

세계적으로도 하나밖에 없는 이 일을 계속하다 보면, 금세 오십견 같은 근육 퇴화 현상이 발생하고, 온종일 매캐한 쇳내를 맡다 보면, 온몸이 뻐근해지며 피로가 몰려왔다고 한다.

할머니는 필자에게 말씀하셨다. "우리 역사의 아픔이란다. 몽양 여운형 선생님께서 그토록 염원했던 한반도 통일국가를 세우지 못해서 일어난 제주 4·3이 이렇게 각 지역에 슬픈 산물을 만들고 있단다. 네가 꼭 이 슬픔의 역사를 연구해서 조국을 통일하는 데 이바지해야 한다."

부산 영도에 왜 제주은행이 있을까? 힘들게 일해서 한 푼 두 푼 모아 저축한 이 아줌마들이 제주 출신이기 때문이다.

▶ 깡깡이 아지매

여순사건 1부
통일 정부를 향한 열망

> 여순사건의 배경은 첫째, 통일 정부를 수립하고자 한 저항.
> 둘째, 군인과 경찰의 갈등이 극단 대치.
> 셋째, '미곡수집령'의 발동이었다.

1948년 10월 19일에 여순사건이 일어났다. 전라남도 여수시와 그 바로 위 순천시에서 일어난 비극으로 이승만 정권을 우리 땅에서 인정해 준 흑역사이자 더 나아가 지금까지 우리나라 75년 역사를 규정하는 가장 참담한 사건이다.

이렇게까지 말하면, "우리의 빛나는 역사를 어떻게 그렇게까지 규정할 수 있느냐?"라고 반문한다. 하지만 다음과 같이 봤을 때 사건은 더욱더 명확해진다.

1948년은 우리 대한민국 정부가 일제 식민지라는 역사 왜곡을 과감히 걷어 차버리고, 우리 헌법에 따라, 자본주의에 기반한 민주주의 사회를 건설한 해이다. 해방 이후, 복잡한 국제정세 탓에 '38도선'이라는 흉물이 들어와 통일 대한민국이라는 염원은 일단 접게 되었지만, 1948년은 그래도 희망에 가득 들 떠 있었다. 1948년 5월 총선이 제주도에서 불발되었으나, 이는 저 멀리 남해의 외딴 고도에서 벌어진 일이다. 한반도 지역의 일반 국민에게까지는 피부에 와 닿지 않았다는 점도 사실이다.

1948년 10월 19일, 김지회, 지창수 두 군인이 이끄는 여수 지역 향토부대인 14연대가 여수의 모든 관공서를 점령하면서 사건은 발발하였다. 이승만이 14연대에 내린 제주도 민중 소요사태 진압 명령을 거부하면서 발생한 일이었다.

지금이야 전국에서 반란이 일어났다고 하면, 비록 정권이 언론을 통제하며 진실 은폐에 앞장서더라도, 소셜미디어SNS 등을 통해 소식은 금세 전 국민에게 알려질 것이다. 그러나 때는 1948년. 저 한반도 건너 남쪽 바다 제주도에서 무슨 일이 벌어졌다고 하면, 그게 진실인지 아닌지는 진압하는 쪽에서 가려버리면 과정은커녕 아예 무슨 일이 일어났는지조차 모르게 되어 버린다.

이승만 대통령이 제주도에 소요사태가 일어났으니 출동하

라고 하면, 14연대는 설사 구시렁구시렁할지언정 가지 않을 수가 없는 것이다. 그렇게 제주도로 가서 실상을 보고, 이것은 거대한 '양민학살'이니 진압 명령에 따를 수 없다고 하면 충분히 이해된다. 그런데 14연대의 관공서 장악으로 시작되는 이 사건은 처음부터 출동지에서 이승만의 명령에 따를 수 없다고 거부한 것이다. 필연적으로 심각한 상황이 따를 수밖에 없었다.

이승만은 10월 20일 여수 방면으로 진압군을 출병시킨다. 여수 14연대의 행동을 그대로 받아 순천 역시 10월 20일 오후에 함락되었다. 결과적으로 22일에는 전남 동부 6개 지역(여수, 순천, 광양, 곡성, 구례, 보성)이 호응했다. 해당 지역의 모든 관공서가 14연대에 장악되었다.

10월 20일을 기해 여수, 순천 지역에 계엄령이 발동되었고, 총 11개 대대가 반란 진압에 나섰다. 10월 23일 순천, 10월 24일 광양과 보성, 10월 25일에는 장갑차와 박격포 그리고 군사 항공기까지 지원하는 포위 작전이 시작되어, 10월 27일 진압군이 여수를 장악하면서 반란은 종결되었다.

여순사건을 주도한 김지회와 지창수 등은 지리산으로 올라가 소위 지리산 빨치산이 되어 반反이승만 투쟁을 지속한다. 이는 햇수로 2년이 흘러 1950년이 되어야 완벽히 소탕된다.

전라남도 동남부 일대를 동요시킨 여수, 순천 사건이 발생한 배경은 무엇이었을까? 첫째, 통일 정부를 수립하고자 한 저항이다. 둘째, 극단으로 치달은 군인과 경찰의 갈등이다. 셋째, 기상 이변이라고 할 정도로 엄청나게 큰 태풍이 세 번이나 오는 자연 재해 때문에 흉년으로 삶이 고달팠는데도 여전히 발동된 '미곡 수집령'이다.

우선 통일 정부를 수립하고자 하는 정신은 이미 1947년 7월에 몽양 여운형이 서거하면서 1차 붕괴했다. 그러나 남한의 단독 정부 수립이 아니라 한반도 전체를 포괄하는 통일 정부를 향한 계속되는 갈망은 우리 민족 모두에게 남아있었다고 봐야 한다. 이는 백범 김구가 그 이상을 대변하듯이 우리 민족에게는 절체절명의 과제였다. 이에 여수 지역에 있던 향토 14연대는 제주도로 가라고 하는 이승만 대통령의 명령을 거부한 것이다.

다음으로 당시 경찰은 일제 말기 총독부의 가혹한 조선 수탈을 대리한 악질 친일 앞잡이로 처벌은 고사하고 대한민국 정부에 그대로 계승됐다. 해방 이후, 당시로선 급조된, '대한민국군'과는 당연히 사이가 좋지 못했다. 군에는 국외의 광복군, 독립군 출신들이 많아, 군경 간 갈등이 최고조에 달해 있었다.[*]

마지막으로 1947년과 1948년은 한반도에 강한 태풍이 여러

---

[*] 일례로, 1948년 7월에 벌어진 '영암사건'만 하더라도, 군대와 경찰 간 총격전이 영암 읍내에서 벌어진 매우 끔찍한 사례이다.

차례 불어왔다. 특히 1948년 여름에는 집중호우와 강풍을 동반한 태풍이 세 차례나 밀어닥쳤다. 바다와 맞닿은 여수는 이 태풍의 피해를 고스란히 받았다.

상황이 이러한데도 미군정과 뒤이은 대한민국 정부는 미곡수집령을 발동, 시중 가격의 10분지 1 가격으로, 만약 시중 가격이 100원이면, 고작 10원에 공매公賣해서 가져간 것이다. 이쯤 되면 일제 때와 마찬가지로 수탈해갔다고밖에 볼 수 없다. 위 세 가지 요인이 여수, 순천에 살던 국민의 심장에 불을 질렀다. 한번 불붙은 민중항쟁의 불길은 진압군의 총칼이 무섭지 않았다.

여순사건 2부
전라도 빨갱이의 기원

이승만은 여순지역이 빨갱이 지역이며, 이 지역이 전라도에 붙어 있다는 점을 반복해서 주입해 정말 불쾌한 지역감정을 만든다. 그 게 바로 '전라도는 빨갱이'라는 희한한 논리였다.

이승만 대통령은 집권 첫해의 반란을 용납하지 않았다. 우선 백 범 김구를 강하게 압박한다. 다음, 1948년 12월 1일에 국가보안 법을 제정한다. 그리고 여순사건과 같은 반란이 일어날 경우, 바 다에서 육지로 상륙작전을 벌일 부대를 창설한다. 바로 '해병대' 다. 마지막으로 전 국민에게 '빨갱이'라는 악의 집단을 하나 만들어 '사상 세뇌 교육'을 한다.

'빨갱이…' 반세기가 넘도록 여전히 악명을 떨치고 있는 이 개념을 이승만은 이때부터 전 국민을 대상으로 교육하며, '반공, 반공, 반공!'을 외치게 한다. 특히 이승만은 여순지역이 빨갱이 지역이며, 이 지역이 전라도에 붙어있다는 점을 반복해서 주입해 정말 불쾌한 지역감정을 만든다. 그게 바로 '전라도는 빨갱이'라는 희한한 논리였다.

실제로 전라도 사람들이 카를 마르크스의 《자본론》을 읽었는지는 필자도 모른다. 기분 같아서는 단칼에 "아무도 없을 것"이라고 말하고 싶지만, 정말 읽은 사람이 한 명이라도 있을까 봐 차마 단정하지 못하겠다. 하물며 책을 읽었다고 해서 그 사람이 공산주의자인가, 즉 빨갱이냐 이 말이다.

전라도를 빨갱이로 몰아서, 정권의 정통성을 세운 것이 이 승만이다. 그 이승만을 초대 대통령으로 세워 시작된 나라가 대한민국이라는 게 정말이지 한편의 코미디 같다. 이 희한한 나라를 바로잡으려고 애쓰시던 백범 김구 선생이 경교장에서 쓰러진, 1949년 6월 26일 오후 3시경에 이미 동족상잔의 비극과 74년간의 냉전 정국이 죄다 배태되고 있었다.

1948년 11월 전남 구례군 산동면의 백씨 가옥에 여순사건 관련 진압군이 들이닥쳤다. "빨치산이 누구냐?"라고 윽박지르면 촌로村老가 손가락으로 누군가를 가리킨다. 진압군은 지명된 이를 불러서 즉결처분한다. 이른바 '손가락 총'이라고 불리던 극악무도한 만행이다.

첫째 오빠는 일제강점기 때 강제징용 가서 죽었다. 둘째 오빠는 여순사건에서 이미 희생되었다. 셋째 오빠는 이제 그 집의 유일한 아들이었다. 그런데, 마을의 촌로가 그 막내아들을 빨갱이라고 손가락 총을 발사한 것이다. 어머니는 결단을 내렸다. 막내딸 백부전에게 대신 희생할 것을 피눈물로 요청했다. "너가 희생하지 않으면, 우리 집안은 대가 끊어진다."

이런 절통한 역사가 어딨나. 오빠 대신 막내딸이 죽는다는 소위 대살代殺! 이렇게 뼈에 사무치도록 원통한 역사가 세상에 또 어디 있는가. 막내딸 백부전은 지리산으로 끌려가 사살당한다.

이 이야기를 처음 들었을 때, 필자는 믿지 못했다. 과장되어 흘러왔겠거니 생각했다. 실제로 그 백부전을 고모로 모시는 후손들을 간접적으로나마 만나 뵙고는 놀란 입을 다물 수가 없었다. 우리 현대사에 여순사건이란 이렇듯 엄청난 슬픔이다.

이승만은 절호의 기회라고 생각했는지 모르겠다. 김구, 여운형, 그다음 이승만이라는 제3의 지위를 불안하게 생각하던 이승만은 이때가 한 번에 1위 자리에 올라 정신적 정통성을 차지할 기회라고 생각했다. 국가보안법을 밀어붙여 통과시키고, 해병대를 창설해 국방 안보에서 확고한 우위를 지키는 강한 대통령으로 자리매김하려고 했다.

이승만은 미처 처단하지 못한 여순사건, 제주 사건 관련자를 육지 감옥으로 보내 언젠가는 죽이리라 별렀다. 이는 '보도연맹 사건'에 보듯이, 국민을 속여 단체에 가입시킨 뒤, 나중에 "니들이 어쩔 건데?"라며 처형하는 식이다.

영화 <태극기 휘날리며>에서 장동건의 애인 역이었던 고故 이은주가 가입만 하면, 좁쌀과 햅쌀을 한 말씩 준다는 말에 보도연맹 가입에 동의했다가 결국 총살당하는 장면에 이 비열함이 잘 표현돼 있다.

6·25 전쟁이 발발하자마자, 미처 다 죽이지 못한 여순사건과 제주도 사건 관련자들은 형무소에 갇혀 있다가 학살당한다. 보도연맹에 가입했던 사람들도 전쟁통에서 똑같이 죽임을 당했다. 두 사건은 6·25라는 전쟁에 이르러서야 끝났다는 공통점이 있다.

여수, 순천에서 탄생한 '빨갱이'는 정전 뒤 '연좌제'라는 지옥문을 열었다. 아버지가 범죄자이면, 아들도 손자도 범죄자라는 이 반反민주헌법적인 요소가 1988년 제6공화국 헌법의 탄생, 즉 1987년 6월 민주항쟁이 성공할 때까지, 얼마나 많은 인사들을 옭아매고 창의력을 말살했던지 울분을 참을 수 없다.

1960년 이후, 1987년까지 약 27년 동안, 군사독재 정권은 "이승만 대통령 시절, 6·25 전쟁 와중에 그렇게 많은 희생이 있었던 것은 그렇다 치더라도, 이러한 진상규명을 위해 노력한다는 것은 결국 북한을 이롭게 하는 것이다."라는 억지를 부리며 복지부동했다.

1990년대 들어와서야, 광양, 여수, 순천, 보성, 곡성, 구례 등 6개 전 남동부 권역에서 피해 진상규명을 위한 움직임이 일었다. 그 후 무려 30년에 걸친 사법적 절차와 노력 끝에 2020년 1월 20일, 민간인 희생자에 대해 무죄 판결이 나왔다. 그해 10월 5일에는 여순사건을 다룬 역사관이 세워졌다.

소병철 국회의원이 발의한 '여수, 순천 10·19 사건 진상규명 및 희생자 명예회복에 관한 특별법'이 2021년 6월 29일 여야 만장일치로 국회를 통과했다.

여순사건은 "동족상잔同族相殘을 거부한다. 미군은 철수하라"는 지극히 단순한 기치를 걸고 싸웠다. 지금까지 이 두 외침은 여전히 우리 땅에서 메아리치고 있다.

이승만 정권의 제1 공화국

실패한 외교, 제네바 국제회담

북한은 회담에 참여한 서방 지역 대표들을 교외 별장으로 유인해 미인계를 제공하는 등 지연 작전을 쓰는 데 집중했다.

제네바회담이란, 1954년 4월 26일부터 7월 20일까지 약 3개월 동안 진행한 국제회의로 공산 측 참가국은 소련, 중국, 북한, 베트남 민주공화국, 서방측 참가국은 미국, 영국, 프랑스, 남한, 베트남국, 한국전쟁에서 유엔군으로 참전했던 16개국 중 남아프리카공화국을 제외한 15개 국가 전원과 캄보디아와 라오스 왕국 등이었다.

소련, 미국, 프랑스, 영국, 중화인민공화국이 상시 주재 회담국으로, 나머지 나라들은 자기 나라와 연관된 주제가 있을 때 참석했다. 의제는 두 가지였다. 하나는 베트남 전쟁을 결론짓는 것이었고, 다른 하나는 한국전쟁을 확실히 끝내는 것이었다.

1950년대 초반 전 세계가 이 두 가지 의제로 들끓으며 장장 3개월에 걸쳐 격렬하게 만났다. 허탈해 웃기기도 하고 슬픈 사실이라면 이 두 가지 의제는 아무런 성과 없이 끝나고 말았다.

이럴 거면 도대체 뭣 하러 3개월이나 시간을 들여 만났냐는 것이다. 북한은 여기서 대담하게 나오며, 제네바회담 자체를 궁지로 몰았다. 제네바회담은 1954년 전후에 완전히 박살 난 남북한 경제 상황을 16개국 대표단 앞에서 송두리째 공개했다. 남측 대표 변영태, 홍진기 두 사람은 결사적으로 회담에 임했다. 회담 중에도 이승만 대통령은 "한국을 팔아넘기지 말라"며 강력하게 압박했다.

반면, 북한은 느긋하게 전술을 짜고 나온 것으로 보였다. '전쟁으로 못 먹은 한국, 회담으로라도 먹어보자'라는 심보로 수많은 회담 전술을 선보이며 굳건하게 맞섰다. 남북한이 약 3개월에 걸친 기간 동안 벌인 모습은 가히 국제회담 무용론이 펼쳐질 정도로 가관이었다.

북한이 가지고 나온 전술은 말 그대로 무조건 늘어지기 작전, '페이비언주의'였다. 스위스가 중립국이라는 점을 백분 활용해서, 지연 작전을 쓰는 데 중점을 뒀다. 회담에 참여한 서방 지

역 대표들을 교외 별장으로 유인해 수차례 미인계를 제공하는
데 서슴지 않았고, 회담장에 들어가서는 저우언라이(주은래)의 논
변을 이용해 툭하면 회담을 연장(서스펜디드)하는 일에 치중했다.

　　그에 비하면, 우리 전략은 작년에 있었던 정전협정停戰協定은
어디까지나 임시 협정이었음을 강조하면서 북한 정권의 정통성
을 깎아내리고, 대한민국의 정통성을 계속 강조했다. 이러한 정
권의 정통성 싸움은 석 달 내내 지속했다.

"비 내리는 호남선 기차에서"
작고한 해공 신익희

해공 신익희를 그리워하는 국민 정서는 엉뚱하게도 대중가요에서
나왔다. '비 내리는 호남선이 그것이다.

1956년 5월에 치러진 제3대 대통령 선거는 모든 권력이 대통령
에게 있다는 점을 강조하는 행사였다. 6·25 전쟁의 모든 상흔이
여전한 가운데, 벌어진 이 대선은 자유당 후보 이승만과 이기붕
그리고 야당인 민주당 후보 신익희와 장면의 대결로 벌어졌다.

해공 신익희 선생에 관해서 사람들은 '뭐 그런 정치인 한 명
있었지' 정도로 치부하고 넘기기 쉽다. 그러나 그는 재평가가 시
급한 위대한 정치인이다.

자유 이념이 투철했던 신익희 선생은 1955년 민주당을 창당해 대통령 후보로 선출되었다. 1956년의 선거는 1960년 4·19를 이끌었던 3·15 부정선거와 비교해서 비중이 작았다. 대통령 선거 도중 해공 신익희가 열차 속에서 서거했기 때문이다. 사람들은 이루 말할 수 없는 실의와 좌절에 빠졌다.

이때 사람들 마음에서는 '대통령이라는 것이 일반적인 힘으로는 이뤄질 수 없는 신화적인 자리'가 아닌지 의심이 들 정도였다. 도대체 어떻게 해야 저 이승만의 대통령 자리를 뺏을 수 있단 말인가.

1956년 5월 2일 진보당 조봉암 후보와의 후보 단일화 논의도 한창 진행되던 중에 열린 한강 백사장 유세에는 구름 관중이 모여들었다. 그만큼 신익희에 대한 국민적 열기는 대단했다.

"우리의 대통령은 지금 어디에 있습니까? 국민이 고통을 받고 있고, 국민이 정권교체를 원하고 있는데, 우리의 대통령은 지금 어디에 있습니까?"라는 유명한 말로 좌중을 압도해나갔다.

그러고 나서 사흘 뒤인 5월 5일에 호남지방에서의 유세를 위하여 전주로 가던 중, 기차 안에서 사망했다. 익산을 지나던 중이었다. 충남 대전을 거쳐 내려갈 때, 전남 순천이 지역구이던 의사 출신 국회의원 한 명이 수행하겠다고 했으나 신익희는 거절했다. 많은 사람이 수행을 요청했으나 그는 폐를 끼치고 싶지 않다는 이유로 고사했다. 그렇게 유세를 강행한 신익희는 결국 심장마비로 죽었다.

5월 15일 대선에서는 놀라운 일이 벌어졌다. 선거에서 무효 표가 무려 1,856,818표나 나왔던 것, 이 표는 모두 해공 신익희 후보를 그리워한 추모 표였다. 국민이 얼마나 정권교체를 원했는지 알 수 있는 사건이었다.

해공 신익희를 그리워하는 국민 정서는 엉뚱하게도 대중가요에서 나왔다. '비 내리는 호남선(손로원 작사, 박춘석 작곡, 가수 손인호)'이 그것이다. 가사는 이렇다.

목이 메인 이별가를 불러야 옳으냐
돌아서서 피눈물을 흘려야 옳으냐
사랑이란 이런가요 비 내리는 호남선에
헤어지는 그 인사가 야속도 하더란다.

다시 못 올 그 날짜를 믿어야 옳으냐
속는 줄을 알면서도 속아야 옳으냐
죄도 많은 청춘이야 비 내리는 호남선에
떠나가는 열차마다 원수와 같더란다.

이 노랫말은 해공 신익희를 추모하고 있다. 당시 대전을 출

▶ 대한민국 임시정부 국무원 기념사진(1919년 10월 11일) 앞줄 왼쪽부터 신익희, 안창호, 현순. 뒷줄 김철, 윤현진, 최창식, 이춘숙

발해서 목포로 가던 호남선 열차는 매일같이 이 노래를 부르는 일반 시민들로 가득했다. 해공 신익희 선생이야말로, 당시로서는 민중의 희망이었다.

이때, 해공 선생이 대통령이 되었더라면, 이승만은 4·19만은 안 저지르고 퇴임할 수 있었는데, 이때, 해공 선생으로 정권이 바뀌었더라면, 이기붕·박마리아의 그 전횡까지는 보지 않을 수도 있었는데, 이때, 해공 선생으로 대통령이 바뀌었더라면, 5·16 군사쿠데타까지는 나지 않으면서, 반공을 국시로 내거는 그런 초보적인 나라는 되지 않았을 텐데… 가정 없는 역사가 참으로 야속하기만 하다. 혹시 중간에 해공 선생이 죽었다고 하더라도, 장면 부통령이 대통령직을 승계해서 안정적인 나라를 건설할 수도 있었는데, 이 역사의 순간만 생각하면, 아쉬워서 지금도 밤잠을 설친다.

대통령 선거의 구호는 "못 살겠다 갈아보자"였다. 야당의 선거 구호 치고는 최고의 걸작이 아닐 수 없다. '못 살겠다고, 정말 못 살겠다'고 우리에게 양식을 달라는 이 선거에 실패한 우리 국민은 깊은 우울증에 빠졌다. '비 내리는 호남선'에 이승만 정부가 정치적인 탄압을 가하니 노래 하나가 새로 탄생했다. '대전블루스'다.

잘 있거라 나는 간다. 이별의 말도 없이
떠나가는 새벽 열차 대전발 영시 오십 분
세상은 잠이 들어 고요한 이 밤, 나만이 소리치며 울 줄이야.
아~~~ 붙잡아도 뿌리치는 목포행 완행열차.

마지막 희망은 끝이라고 알았다. 아니었다. 목표는 4년 뒤에야 이뤄진다.

특무대장 김창룡과
6월 6일 현충일

김창룡은 1949년 6월 6일에 반민족행위자특별처벌법 위에 세워
진 반민특위를 폭압적으로 해산하는 데 관여했다. 그러고 나서
20일 뒤인 1949년 6월 26일 백범 김구를 암살하는 데 역시 관여
했다는 의심을 사고 있다.

김창룡(1920년~1956), 본인은 1916년 7월생이라고 주장했지만, 본
졸고에서는 공식 기록인 1920년으로 따른다. 이는 일본군 헌병
대 헌병 보조원으로 1941년 10월에 임직하면서 나온 공식 기록
이다.

　21살에 만주 일본 헌병대에 취직하면서, 만주·소련 국경에

서 활약한 기록이 시작된다. 1941년에 일본에 항거하는 중국 공산당의 거물 왕진리를 체포하려고 공산당에 접근해 일본 경찰서 유치장을 7번이나 들락날락하는 쇼를 펼친 끝에, 왕진리에게 "아, 이 김창룡이는 진짜 중국 사람이구나" 하는 거짓 믿음을 주고 그를 잡았다.

이렇게 1943년에야 진짜 신분을 드러낸 김창룡은 헌병대 오장 자리로 특진했다. 이때부터 김창룡은 자기 행동이 친일 행위라고 인식도 못 한 채, 불과 2년도 안 되는 사이에 50여 개에 달하는 항일 조직을 적발했다.

일본이 패망하자, 김창룡은 재빨리 고향 영흥*으로 돌아온다. 이때 영흥에서 소련군에게 1차 체포돼 사형을 선고받았지만, 탈출에 성공해 타지를 전전했다. 그러다 2차 체포, 또다시 사형을 선고받지만, 이번에도 탈출해 도저히 38선 이북에서는 살아남을 수 없겠다 싶었는지 38선 이남으로 발길을 돌린다.

친일 혐의로 사형까지 선고받은 그는 지인을 만나 사병으로 입대하지만, 이 생활도 제대로 하지 못한다. 그러던 중에 만주군 대위 출신인 김백일의 추천으로 1947년 1월 조선경비사관학교 3기로 입교해 4월에 소위로 임관한다. 군내 경찰에서 아예 정통 군인으로 옷을 바꿔입는다.

---

* 함경남도 영흥군 요덕면 인상리

광복군 출신의 제1연대장이었던 이성가는 제1연대 내 공산주의자들을 색출하기 위해 정보장교로 김창룡을 발탁한다. 여기서 그는 철저한 반공주의자로 변신해 진가를 발휘한다. 이때부터였다. 그는 미소공동위원회에서 소련군의 정탐 활동을 감지해 중위가 되더니, 대한민국 정부 수립과 더불어 대위로 진급했다.

1948년 8월 말 대한민국 육군본부 정보국에 배속되고, 10·19 여수, 순천 사건이 일어나자, 이승만 대통령은 정부가 만들어지는 과정에서 아무나 들어올 수 있던 군대 기강을 바로잡기 위한 숙군肅軍 작업을 명령한다. 이때 김창룡이 실무자로 있던 육군 정보국 3과인 방첩과가 전면에 나선다.

1948년 11월 11일, 김창룡은 박정희 소령을 체포하고 심문했다. 1946년 10월 1일, 대구에서 일어났던 반反미군정 폭거인 대구 10·1 사건의 주모자인 박상희의 동생 박정희는 김창룡에게 잡혀 남로당의 트리tree를 전부 불었다. 남로당 조직이 하나의 나무라면, 그 나뭇가지에 달린 나뭇잎까지도 다 이실직고한 것이다.

김창룡은 불과 4개월 동안, 1,500명에 달하는 이를 숙청했으나 정작 박정희는 처벌하지 못한다. 박정희는 우리나라 비선 실세인 제임스 하우스만이 특별히 박정희를 비호했기 때문이다. '만주 육사 출신으로 박정희는 살려두면 쓸모가 많다'라는 이야기를 들어왔던 것이다.

김창룡의 인생은 크게 3기로 나눠볼 수 있다. 1기는 1941

년부터 1945년까지이고, 2기는 1947년부터 1953년까지, 3기는 1953년 5월부터 죽기 직전까지이다.

1기는 일본군 헌병 오장으로 신출귀몰하게 항일유격대 등을 소탕하고, 항일정신을 역시 빨갱이라고 여기는 시기이고, 2기는 대한민국 숙군 사업의 정점에 있으면서 군 내, 김구파 등의 정리되지 않은 인물들을 진짜 빨갱이로 몰아 처단한 시기, 3기는 본인이 이승만의 군 라인이 되어 중심부에 서게 되자, 이승만을 위한 공안조작사건을 하나하나 정리해내는 때를 말한다. 김창룡은 그렇게 정보공작에서 현대사에 큰 비극을 안긴 악마였다.

그는 1949년 6월 6일에 반민족행위자특별처벌법 위에 세워진 반민특위를 폭압적으로 해산하는 데 관여했다. 그러고 나서 20일 뒤인 1949년 6월 26일 백범 김구를 암살하는 데 역시 관여했다는 의심을 사고 있다. 한국 현대사에 엄청난 비중을 차지하는 이 두 사건에 김창룡이 개입했다는 말이 파다하게 돌고 있으나 단정적으로 그의 소행이라고 쓰지 못하는 필자가 한스러울 따름이다.

2023년 6월 조선일보는 필자가 <매불쇼>에서 한 내용을 기사로 다루면서 "문제가 많은 강사"라고 색깔론에 불을 지폈다. 일부 태극기 세력으로 추정되는 사람들이 너 나 할 것 없이 융단폭격을 퍼부었다. 기사 어디에도 필자가 한 거짓말은 없었다. 그 기사는 하나같이 극우세력들이 김창룡을 미화하는 내용뿐이었다.

심지어 1946년 6월 3일에 이승만이 대통령이 되기 전에 한 '정읍선언: 남측만이라도 임시정부 혹은 위원회 같은 것을 조직할 것'이라는 게 한반도의 독립 정부를 세우기 위한 큰 그림이라는 둥 정말 한숨이 나오는 내용뿐이었다.

심지어, 김창룡이 죽은 날인 1956년 1월 30일 아침에 필자가 "이승만이 잠옷에 슬리퍼 차림으로 문상갔다"라고 <매불쇼>에서 발언한 내용을 뒤집어보려고, 해당 날짜 아침에 보도한 조선일보 내용을 들어, 아침 9시경에 정복 차림으로 갔다며 보도했다. 당시 신문이 다 진짜라고 믿는가? 그 신문에 난 내용이 김창룡과 당시 정권을 미화하는 내용인 줄 정녕 모르겠는가.

이승만은 백범 김구 선생이나 몽양 여운형 선생이 돌아가셨을 때도 한 달이 다 되도록 방문한 적이 없었다. 단, 김창룡이 죽었을 때는 엉엉 울며 "김창룡은 나를 대신해서 죽었다. 공산 좌익의 획책 때문에 이 사람이 죽었으니, 나는 이 사람을 영원히 기억하게 하겠다"라고 했다. 그리고 나서 그해 6월 6일부터 현충일을 기억하니, 필자가 어찌 이 김창룡 때문에 현충일이 6월 6일부터라고 말하지 않을 수 있겠나!

조봉암의 평화통일 공약
vs 이승만의 무력북진통일 정책

먼저 체포하고, 사형시키기 위해 그해 국회에서 국가보안법을 강화했다. 이것이 바로 그 유명한 악법을 통과시키기 위한 '2·4 파동'이다.

1956년 제3대 대통령 선거에서 이승만과 장면이 들어서자, 자유당 부통령 후보였던 이기붕은 깊은 열등감에 빠져들었다. 이승만 대통령은 이미 82세의 노구였다. 지금도 지도자가 82세면, 하루하루가 걱정되지 않나.

이승만이 죽고 나면 어떤 일이 벌어질까? 바로 장면 정부가 들어서 정권이 민주당으로 교체되는 것이다. 그 엄혹한 시절에도 우리 국민은 민주주의적인 감각을 발휘해서 이승만이 죽을지도 모른다는 생각에 혹시라도 죽으면 민주당 장면 후보가 대통령을 하라는 헌법적인 명령을 해둔 상태였다.

이기붕은 고달팠다. 아니 자유당 전체가 상당한 불안감에 휩싸였다. '이승만이 죽으면 어떡하지? 당장 1954년 12월 1일부터 들어온 미군 군수 물자. 즉 재난구호기금을 배분하는 권력을 우리 자유당이 가지고 있는데, 이 권력부터 빼앗길 텐데' 같은 위기의식을 느꼈다.

이 문제를 고민하는 이기붕과 자유당에 이기붕의 부인 박마리아는 매우 고마운 제안을 한다. 후술하겠지만, 기왕 말을 꺼냈으니 박마리아는 '이승만의 왕조를 세우자'고 제안했다.

이승만의 카리스마 중 하나는 조선 양녕대군파의 후손이라는 점이다. 이에 효령대군파의 후손인 이기붕의 아들이 이승만의 양자로 들어가면 문제를 간단히 해결할 수 있다는 것이다. 결국 1957년 3월 26일, 이승만의 생일을 기해 이기붕의 장남 이강석은 이승만의 양자가 되었다.

사태를 예의주시하던 진보당 조봉암은 이를 계기로 반反이승만 투쟁을 본격화한다. '말도 안 되는 양자 타령을 그만두고, 국민 앞에 정책으로 승부하라'고 나선 것이었다.

조봉암은 초대 농림부장관이었다. 지금이야 농림부장관이 그저 그런 힘없는 부처 중 하나이지만, 그때 대한민국에 무슨 기업이 있었겠나. 산업이라곤 오로지 농업이었고, 사람들이 농촌에 많이 살았던 까닭에 도시 규모는 작고 인구도 적었다. 인구의 95%가 농민이었다고 봐도 틀리지 않는다. 농지개혁은 가장 중요한 사회정책이었다.

조봉암은 이승만으로부터 농림부장관으로 임명받아 농지개혁을 감행했다. 첫째, 소작농의 비율을 획기적으로 낮춘다. 둘째, 농지를 다각화하고 개발 전환한다.

첫째 소작농의 비율을 획기적으로 낮춘다는 것은 성공만 한다면 가장 가시적일 수 있는 일로, 2~3년 만에 달성하기란 현실적으로 불가능했다. 둘째는 1차 산업인 농업을 2차 산업인 제조업으로 탈바꿈하겠다는 정책인데, 조봉암은 이를 교육적 틀로 전환해 성공했다. 즉, 농지의 많은 부분을 교육에 투입해 많은 국민이 쉽게 배울 수 있도록 한 것이다.

8세엔 초등학교에 진학하게 하고, 초등학교는 모두 의무교육으로 정해서 모든 국민이 읽고, 쓰고, 셈하게 하면, 한두 세대 뒤부터는 국민교육이라는 타이틀을 달고 산업전환을 이룰 수 있으리라는 전망이었다. 이게 대성공을 거둔다.

조봉암은 내친김에 평화통일론을 내걸고 대선에 출마한다. 1952년 선거였다. 낙선했지만, 당선을 바라지는 않았다. 평화통일이야말로, 자기가 내건 농지개혁이 진짜 좋은 혁신으로 달려갈 수 있게 할 제일 가치였다.

그러나 이승만의 생각은 전혀 달랐다. '저 원수 같은 공산당

▶ 1958년 진보당 사건 재판의 조봉암

놈들. 저놈들과 무슨 대화를 하고, 무슨 평화통일을 하자는 것인가 그건 결국 놈들과 짜고 협잡해 결국 이 나라 전체를 내주자는게 아닌가' 하고 반감을 품었다.

조봉암 선생 다음으로 민주평화통일론을 주장한 것이 바로 김대중 후보이다. 김대중 후보가 저 이야기를 처음 꺼낼 때도, 우리 일반 국민은 '빨갱이'라며 비난하고 놀려댔다. 지금도 마찬가지가 아닌가. 선제공격도 가능하다면서 주장한 대통령 후보에게 대통령직이 돌아가고, 반대로 평화통일론을 주장한 후보는 온갖 불명예스러운 정치 탄압에 시달린다.

조봉암 후보가 평화통일론을 주창한 지 두 해 만에, 1958년 1월 간첩죄와 국가보안법 위반 등의 혐의로 체포되었다. 조봉암을 지원하기 위해 조직되었던 진보당도 전원 된서리를 맞았다. 공안 조작의 달인 김창룡은 죽었지만, 그 잔상은 계속 조봉암을 괴롭혔다. 도대체 무엇을 잘못했다고 간첩죄라는 큰 죄를 뒤집어씌웠을까?

이승만과 이기붕은 조봉암 처벌을 위해 1958년 12월 24일 강화된 국가보안법을 국회에서 날치기로 통과시켰다. 통과를 위해 한밤에 밀어붙인 전형적인 국회 범죄였다. 이대로 놔뒀다가는 1960년 대선에서 또다시 치명적인 패배를 경험하게 되리라는 게 자유당 고위 인사의 전언이었다.

먼저 체포하고, 사형시키기 위해 그해 국회에서 국가보안법을 강화했다. 이것이 바로 그 유명한 악법을 통과시키기 위한 '2·4 파동'이다. 강화된 국가보안법은 다음과 같다.

'국가보안법을 위반한 혐의로 체포된 사람은 3심제의 구제를 받을 수 없고, 단심제로 처벌한다. 또한 변호사의 조력을 구할 수 없다.' 세상에 이런 악법이 세상천지에 어디에 있나.

3심제와 변호사 선임이라는 근대 사법제도가 보장한 기본 중의 기본 권리 없이 조봉암은 형장의 이슬로 사그라졌다. 조봉암 사형 뒤, 민주사회의 열망은 4·19로 불타오른다.

8

깨시민의 혁명 4 · 19

01

대구가 시작한 4·19 민주혁명
원래 대구는 진보의 성지였다!

> 일요일 오후, 대구 중구 동성로에 모인 8개 학교 학생 전원은 한 마음 한뜻으로 "이승만 정권 물러가라" "이승만과 이기붕은 물러가라" "자유당 정권은 물러가라"를 이구동성으로 외쳤다.

지금의 대구는 보수 일변도이다. 1985년 2월 총선에서는 어느 정도 여야 균형이 이뤄졌지만, 그 이후에는 거의 모든 지역구에서 보수 세력이 압도적 우위를 점하고 있다. 한편으로 전라도 지역 몰표와 같은 이치 아니냐고 묻기도 하는데, 차원이 다르다.

전라도 지역 몰표가 '김대중'을 위한, 즉 탄압받는 정치인을 위해 표를 몰아준 성격이라면, 대구와 경북의 그것은 지역적으로 기득권 심리라고 보면 틀림없다. "어쩔 거야. 우리가 우리 사람 좋아서 찍는 건데, 당신네가 어쩔 건데"라는 발로다. 개선이 절실하지만 쉽지 않다.

박정희, 전두환, 노태우와 박근혜를 이어가면서 이른바 보수에 표를 몰아준 대구, 경북 지역은 원래 그런 곳이었을까? 결론부터 말하면, 아니다!

1960년 4·19혁명도 알고 보면 대구가 시작한 민중항쟁이고, 1975년 인혁당 재건위 사건까지 모조리 대구 시민 세력들이 주창한 것이었다.

"정말이냐고?" 정말 그렇다. 그러니 대구를 우리나라의 골칫덩이로 못 박기 전에 잠시 숨을 고르고 이 장을 읽어달라고 말하고 싶다.

대구가 정권에 저항하기 시작한 시점이 1946년 10월 1일이다. '10·1 파동'으로 불린다. 미군정의 쌀 배급 정책이 실패로 돌아가고, 콜레라가 창궐하는 등 민심이 돌아서자, 조선공산당을 희생양 삼아 조선 민중의 저항 욕구를 분쇄하려던 미군정청은 1946년 5월에 '정판사 위조지폐 사건'을 일으킨다.

소련으로부터 늘 현금 지원을 받고 있던 조선공산당이었으니 좋은 빌미가 아닐 수 없었다. 이 때문에 이관술 같은 동덕여자고등보통학교 교사들이 잡혀들어가서 엄청난 고문을 당한다. 이때 친일 경찰들이 미군정청의 보호 아래 소위 말하는 기술자로 선발되어 다시 중용된다.

같은 해 9월, 민중 세력은 총파업을 결의한다. 부산부터 항만 철도 노동자들까지 동참하니 경상남도 전역이 궐기의 현장이 된다. 이런 항쟁 분위기에 정권이 내린 조치가 바로 10월 1일에 대구에서 벌어진 사건이다.

중앙권력이 부재한 상황에서 벌어진 이런 사건은 거의 흐지부지 넘어가기 마련인데, '10·1 파동'이 중요한 이유는 남한 전 지역에서 벌어진 대규모 대회였다는 점이다. 대구 10·1 폭동은 그 자체로 대단한 반란이었다.

1960년에도 마찬가지였다. 조봉암 선생을 추모하는 인파가 넘친 곳이 대구였다. 대구 시민은 조봉암을 대통령으로 세우기로 결의라도 한 것처럼 행동했다. 2월 28일 일요일, 1960년 선거의 주인공 장면 후보가 대구에 내려와 선거유세를 한다. 한데 각 학교는 마치 약속이나 한 것처럼 '시험을 본다, 토끼잡이를 한다, 무슨 체험 학습을 한다'면서 학생들을 학교에 나오라고 통지했다.

어린아이조차 장면 후보의 유세에 학생들을 내보내지 않으려고 마음먹은 자유당 이기붕 후보의 농간임을 알았다. 학생들은 격분했다. 경북고, 경북여고, 대구고, 대구여고, 대구공고, 경북대학교 사범대 부속고, 대구상고, 대구농고 이렇게 8개 고등학교 학생들은 전원 2월 28일 총궐기했다.

당시엔 고등학교가 지금의 대학생 역할이었다. 대학에 들어간다는 건 굉장한 혜택으로 여겨지던 시절이다. 대학교 자체가 거의 없었던 까닭이다.

학생들은 길거리로 나갔다. 이 행동에 어떤 의미가 숨겨져 있는지 잘 모르는 분들을 위해 설명을 좀 더 해보면 이렇다. 만약 한 학교로 한정하면 '다 나가자!' 하고 선동할 때 불 끓는 이팔청춘의 심장으로 전부 따라나서기는 어려운 일이 아닐 수 있다. 그런데, 이게 8개 학교 학생들로 확장되면 이야기가 달라진다.

얼마나 많은 학생이 "우리가 나가서 다 죽으면 어떡해?" "우리가 나간다고 상황이 바뀌겠어?"처럼 이 위기 상황을 모면하려고 애를 썼을까? 이런 공포의 그림자가 드리워진 상황에서도 8개 학교 학생 전원이 출동했다는 건 임진왜란의 의병이나 독립운동가가 떠오를 정도로 가슴 벅찬 사건이다.

일요일 오후, 대구 중구 동성로에 모인 학생들은 한마음 한뜻으로 "이승만 정권 물러가라" "이승만과 이기붕은 물러가라" "자유당 정권은 물러가라"를 이구동성으로 외쳤다.

경찰들은 곧장 출동했다. 일사불란할 것 같던 그들은 완전히 진압하지도 않고, 한참을 머뭇거렸다. 경찰도 시위대와 한 몸이었을까? 이는 이기붕 후보의 특별한 부탁 때문이었다. 그는 "너무 강하게 탄압하지 마세요"라고 말했다고 한다. 단 착각하지 마시라. 학생들이 아직 10대이니까, 어여쁜 마음으로 사랑하는 국민이 다치지 않도록 하겠다는 의지에서 나온 말이 아니었다.

이번 선거에서 무조건 자신이 부통령으로 당선되어야 했기 때문에, 쓸데없이 경거망동하지 말라는 명령이었다. 괜히 국민을 자극했다가, 장면이 당선되기라도 하면 일을 크게 그르칠 수 있었던 것이다.

대통령 선거는 이미 이승만이 무투표로 당선 확정된 상태였다. 민주당 조병옥 후보가 2월 15일에 미국에서 서거했다. 그러니, 모든 관심은 이기붕과 장면의 부통령 선거에 집중되었다. 딱 4년 전, 상황은 그대로 반복되었다. 선거 결과는 과연 어떻게 될 것인가?

4·19의 국제정치학

스푸트니크 쇼크, 수에즈 위기,
극동유엔사령부 용산 이전

> 용산에 들어온 미군은 한국에 공산당 척결을 요구한다. 조봉암과
> 진보당은 이렇게 희생양이 됐다. 석방 요구가 무시된 이유도 알고
> 보면 당연하다.

4·19 혁명은 어떤 세계적 격변 상황에서 터져 나왔을까? 다시
말해 무엇이 우리나라에서 민주화 혁명을 일어나게 했을까?

먼저 '스푸트니크 쇼크'부터 살펴봐야 한다. 1957년 10월 4
일의 일이었다. 스푸트니크 쇼크란 소련이 전 세계 최초로 인공
위성 스푸트니크 1호 발사에 성공한 사건을 일컫는다. 이 일은
미국 사회에 큰 충격을 안겼다.

6·25 전후로 미국은 빨갱이 색출에 혈안이 되어있었다. '소련의 첩자가 분명히 우리 내부에 있을 것'이라는 매카시즘이 전 미국을 숨 가쁘게 조여오고 있을 때, 반대쪽 소련은 우주로 나아갔다. 이 극명한 역사적 대조로 전 미국은 "도대체 우리는 무엇을 하고 있었던가?"라는 반성의 물결이 휘몰아친다. 이것이 바로 '스푸트니크 쇼크'다.

이어 소련은 1947년 11월 3일에 스푸트니크 2호에 살아있는 개를 태워서 쏘아 올리며 또다시 기술력을 입증한다. 미국도 여러 차례 도전한 끝에 1958년 1월 30일, 익스플로러 1호를 발사하는 데 성공했다. 그러나, 고작 5kg에 불과한 익스플로러 1호에 보란 듯이 소련은 2월 3일에 무려 1.3t짜리 스푸트니크 3호를 발사한다.

이 일로 미국 사회는 큰 변혁을 시도한다. 존 듀이의 경험주의 교육으로는 앞으로 대세가 될 우주 차원의 기술 경쟁에서 도저히 앞설 수 없다는 위기감이 팽배해진 것. 학문 중심의 교육 과정이 대세로 떠오른다. 미국의 교육 현장에서 경험이 설 땅이 사라졌다고 해도 과언이 아니었다.

스푸트니크 쇼크가 파장을 몰고 온 데는 '대륙간 탄도미사일'의 공포가 있었다. 스푸트니크 위성이 574kg. 만약 이걸 핵탄두로 바꿔 달기만 하면, 핵탄두 574kg이 태평양 혹은 대서양을 건너 미국 본토를 때릴 수 있는 것이다.

폭격기보다 훨씬 더 위에서 겨냥할 수 있다면 어느 나란들 비상등이 켜지지 않을 수 있겠나. 그때부터 교육 부문뿐만 아니라 국제적 군사 협력관계에서도 큰 변화가 일어난다. 그간 (이제는) 진부해진 폭격기 중심의 국제관계가 아닌 '어디에서 핵무기를 쏘느냐' 하는 문제가 수면 위로 떠올랐다. 이 일로 동아시아 중에서도 특히 한국의 지정학적 전략이 중요한 의제로 등장한다.

생각해 보자. 스푸트니크 쇼크 이전에는 일본을 중심축으로 레이다 반경이 설정됐다. 극동군유엔사령부가 일본 동경에 위치한 이유다. 그런데, 1957년 10월 이후에는 분위기가 완전히 달라진다.

미국의 시선은 스푸트니크 위성이 발사된 카자흐스탄 쪽으로 향해 있었다. 미국이 카자흐스탄을 견제하려면 어디? 맞다. 서울일 수밖에 없었다. 중국과 북한은 공산권 국가이므로 대안이 될 수 없다. 마침내 유엔극동군사령부가 서울 용산으로 이전한다.

이러한 전력 재배치로 이미 발사된 소련군 위성들의 동태 파악에 집중하게 된다. 이때 용산에 들어온 미군은 한국에 공산당 척결을 요구한다. 조봉암과 진보당은 이렇게 희생양이 됐다. 석방 요구가 무시된 이유도 알고 보면 당연하다. 오히려 더 강화된 국가보안법이 1958년 12월 24일 국회에서 통과된다. 그것도 단순 날치기로. 이렇게 해서 결국 1959년에 진보당은 소멸하고 조봉암은 사형된다.

스푸트니크 쇼크의 도미노 효과가 이렇게 크게 번질 줄이야 상상이나 했을까. 당시 우리나라는 미국이 그저 하나의 큰 우주였다. 미국이 소련에 진다는 생각은 불충이자, 부역죄에 해당하는 중범죄였다. 이 관념이 우리나라를 더욱더 압박하는 원죄가 되었고, 누가 뭐라고 안 해도 미국에 알아서 기는 나라가 되었다.

미국과 소련의 냉전은 세계 곳곳에서 각종 사건·사고를 불러일으켰지만, 특히 세계에서 가장 중요한 지역으로 꼽히는 수에즈 운하에서 일어난 일이야말로 손에 꼽힐 정도로 세계사적 사건이다.

영국 땅으로 알려진 수에즈 운하는 현재 이집트 소유이다. 원래 영국이 소유하던 이 수에즈 운하는 1952년 쿠데타로 1956년 가말 압델 나세르가 국유화했다.

이에 반발한 영국과 프랑스가 이스라엘과 손을 잡고 전격적으로 수에즈 운하를 침공함으로써 제2차 중동전쟁이 발발한다. 프랑스로서는 거액의 투자금이 휴짓조각으로 될 위기를 차단해야 했고, 이스라엘은 가말 압델 나세르라는 아랍 동맹의 거물이 설치는 걸 막아야 했다.

나세르는 소련과 더욱 친밀해진다. 소련이 나세르의 응답, 즉 이제 미국보다는 소련을 택해 친하게 지내겠다는 말을 가지고 서방세계를 위협하는 것을 미국은 답답하게 쳐다봐야만 했다.

나세르는 서구(미국, 영국, 프랑스)의 침략을 물리친 영웅으로, 아랍권 민중들의 열광적인 지지를 받고, 이집트는 사실상 아랍의 맹주 자리에 올렸다. 반면, 영국엔 '이제 더는 대영제국 같은 건 없다'는 수치스러운 진실을 만방에 드러냈다.

수에즈 운하 사태는 스푸트니크 쇼크 사태와 함께 미국에 큰 긴장을 주었다.

03

4·19의 뇌관, 박마리아 가족
(미국경제원조 정부 독점)

4·19의 직접적인 뇌관은 무엇이었을까? 자유당의 영원한 부통령 후보 이기붕이다. 웃긴 건 이기붕 후보가 이른바 '넘버 2'라는 사실이다. 실제 4·19 혁명의 직접적인 뇌관이자 이기붕 후보를 좌지우지한 넘버 1은 바로 이기붕의 부인 박마리아이다.

박마리아는 이화여전 출신으로 강릉에서 태어나 어린 시절 자기 엄마 고의대의 손에서 힘들게 자랐다. 기독교 목사의 도움으로 경기도 개성에 있는 호수돈여자고등학교와 이화여전 영문과를 졸업했다. 그 뒤 미국으로 건너가는데, 지금도 어려운 미국 유학길을 일제강점기 시절에 혈혈단신 여성의 힘으로 마쳤다는 것은 어쩌면 자긍심을 한껏 뽐낼 만한 메리트였다.

이화여전에서 윤리학을 가르쳤다는 기록이 있는 박마리아는, 1935년 29살의 나이로 이기붕의 마누라가 된다. 그 이후 YWCA(기독교 여자청년회)에서 약 10년간 총무로 활동한다.

1942년부터 노천명, 김활란, 모윤숙, 박순천 등 여성 인사들과 함께 조선임전보국단 부인회라는 조직을 만들어 창씨개명, 황군 징병, 정신대 모집, 국방헌금 헌납 등 온갖 친일 죄악을 선동하고 다닌다. 이때 박마리아라는 이름이 전국으로 유명해진다.

박마리아가 국일관 클럽의 호스티스로 악명높아진 시기도 이때다. 1936년 남편 이기붕이 한국에 돌아왔는데 할 일이 없자, 경성 제일의 유흥곽이던 국일관에 지배인으로 취직시킨다. 그로부터 1948년에 이르기까지 이 이기붕, 박마리아는 국일관 호스트와 호스티스로 이름을 날렸다.

이기붕은 1942년에 처음 오케레코드사에서 발매되었던 노래 '빈대떡 신사'의 의뢰자로도 잘 알려졌다.

양복 입은 신사가 요릿집 문 앞에서 매를 맞는데
왜 맞을까 왜 맞을까 원인은 한 가지 돈이 없어
들어갈 땐 뻥을 내고 들어갔다가,
나올 때는 문 앞에서 붙잡히어서 매를 맞는다
하하하 우습다 어허허허허 우습다 오호호호 우습다
돈 없으면 집에 가서 빈대떡이나 부쳐 먹지

이 우스운 노랫말에는 국일관에 아무나 들어오지 말라는 싸늘한 협박이 배어 있다. 그들은 해방 이후, 1948년 9월에 입안되어 1949년 6월 6일에 폭압적으로 해체돼 버린 '반민족행위자특별처벌법'에 의거한 반민특위의 전 과정에 개입한다. 아니 주도했다고 봐야 옳다.

애초에 박마리아가 이승만 대통령과 잘 지낼 수 있었던 이유는 영어 때문이었다. 이승만의 아내 프란체스카는 한국말을 한마디도 못 했는데, 박마리아가 통역해주며 이른바 '통역 정치*'를 사주했다.

이때부터 박마리아는 새로운 대한민국의 파워는 영어라고 판단했고, 실제로 현실은 박마리아의 생각과 일치했다.

프란체스카를 구워삶아 자기 남편 이기붕을 서울시장으로 올려달라고 설득해 결국 뜻을 이룬다. 그렇게 서울시장이 된 이기붕이 6·25 전쟁 초기 제임스 하우스만과 짜고 한강 인도교를 폭파한 주범이라는 설이 유력하다.

---

* 해방 이후, 우리나라 집권 세력은 미군정이었다. 그런데 그 미군정은 한국어를 할 줄 몰랐다. 따라서 하지 미군정청장의 통역 이묘묵이 하지와 우리나라 정치인들 사이에서 마음껏 전횡을 휘두르기까지 한다. 이 한국어 문맹은 영부인 프란체스카도 마찬가지로 여기에 이기붕의 부인 박마리아가 한국 여성들 사이에서 전횡을 저지르게 되는 것이다.

박마리아의 생일은 1906년 4월 19일이다. 1960년 4월 19일에도 생일파티를 열었다. 부통령이 된 남편 이기붕과 함께 자기가 항상 소중하게 여기는 -이승만 대통령이 선물해준- 비단을 들고 찍은 이 생일 사진은 그대로 역사가 됐다.

그날이 어떤 날인가. 시민들이 혁명의 횃불을 든 날이다. 2월 28일 대구에서 학생의거로부터 출발해 3월 8일 대전에서도 학생들이 들고 일어섰다. 3월 15일 부정선거 당일에 마산에서 의거가 일어났는데, 이때 중학생 한 명이 사라진다. 4월 11일, 마산 신포동 중앙부두 앞바다에서 그 학생이 끔찍한 시신으로 발견된다. 최루탄이 눈에 깊게 박힌 채였다.

4월 11일 마산의 시위는 격렬하게 타올랐다. 우리도 그 학생, 김주열처럼 죽여달라며 모인 시위대가 13일까지 마산의 모든 행정사무를 중지시킬 만큼 격렬했다. 비가 오든 말든 아랑곳하지 않았다. 경남대학교 학생들도 다구지게 달겨들었다. 이승만과 이기붕이 합작한 전대미문의 부정선거는 온 나라 민중의 분노에 불을 댕겼다.

고려대학교 학생들은 4월 18일에 일어났다. 전국에서 산발적으로 벌어지던 시위가 언제 어디서든 한꺼번에 대규모로 일어날 수 있음을 방증했다. 고려대학생들은 일단 고려대 인촌 김성수 동상 앞으로 모여서 시위를 시작했다.

그들이 유진오 총장과 면담 후에 흩어져 해산하던 중에 일이 터졌다. 이정재를 비롯한 정치깡패들이 벼르고 있었던 것이다. 정치깡패의 자발적 폭력이라고 생각하면 오산이다.

4월 19일이 박마리아의 생일이라고 했다. 박마리아는 격분하며 이렇게 말했다. "내일까지 모든 시위상황을 다 정리하도록 하세요. 내일은 내 생일이니까요. 아니, 반공청년단이 30만 명이라고 했잖아요. 그럼 시위대가 100만 명이라 할지라도 다 알아서 처리해야 할 것 아니에요!" 반공청년단 깡패들은 박마리아의 한마디에 바로 행동을 개시했다. 서울에서 일어나는 4·19 관련 시위만 정리해도 전국적인 상황은 끝난다고 생각했다.

1960년 4월 19일, 박마리아의 생일 오후 늦게, 남편 이기붕 부통령 당선인과 이승만 대통령 사진 앞에서 이승만이 하사한 비단 주머니를 들고 활짝 웃으며 기념사진을 찍었다. 기자들의 요청에 기자회견도 했다. 도대체 왜 기자들은 이렇게 난리인지 모르겠다는 표정으로 기자단 앞에 섰다. "오늘 오전 11시경에 첫 발포가 있었습니다. 경찰이 국민에게 총을 쐈습니다. 어떻게 생각하십니까?"라고 물었다.

이기붕은 1955년부터 담낭이 좋지 못했다. 그래서 다리를 쩍 벌려 앉을 수밖에 없었고, 습관적으로 고개는 도리도리 좌우로 계속 흔들었다. "글쎄요. 저는 뭐 이렇게 생각합니다. 총은 쏘라고 준 것이지, 가지고 놀라고 준 게 아닙니다." 기자들은 기가 막힌 나머지 다음과 같이 말했다. "아니, 박마리아의 모친이 전국의 무당들과 어울려 다닌다는 흉측한 소문이 있습니다. 그리고 곡물의 수입 가격 등락 폭을 조작해서 뒤로 수익을 올린다는 소문이 있는데요. 여기엔 어떤 생각을 가지고 계십니까?"

이기붕은 역정을 내며 다음과 같이 말한다. "글쎄요. 마누라나 우리 장모가 무속에 기댄다는 말은 난 뭐 잘 모르겠고요." 그러더니, 기자에게 물었다. "강릉 쌀 한 말이 얼마죠?" "10원이요." "쌀값 관련해서 우리 장모는 10원짜리 한 장 남한테 피해준 적이 없습니다." 참으로 웃기는 이야기다.

이 인터뷰를 하고 나서 7일 있다가 이기붕, 박마리아, 이강석, 이강욱 네 명의 한반도 5,000년 이래 최악의 가족이 싸늘한 시신으로 발견된다. 인과응보라고만 하기에는 너무 약한 결말이었다.

▶ 박마리아와 이기붕

04

세 표의 역사 후퇴, 장면 부통령

'현직 부통령이 또다시 부통령 선거에 출마하다니, 언제나 되어야 이승만 대 장면의 표 대결을 볼 수 있단 말인가' 하며, 아쉬움 속에 선거에 임했으나, 결과는 또 같았다. 1959년 11월의 그 3표는 통한과 눈물의 상징이었다.

'제2공화국 장면 내각' 하면 뭐 생각나는 게 없는가? '아 그 국무총리!'하고 짚어내는 국민이 많을 것이다. 국무총리보다는 부통령이 더 높은 자리니까, 여기서는 부통령으로 부른다.

세기가 바뀌던 1899년에 태어난 장면 부통령은 독실한 천주교 신자였다. 집안은 인동장씨, 바로 장희빈의 집안이다. 대대로 천주교를 믿어온, 박해를 뚫고 살아남은 집안으로, 대표적인 영남 남인 출신이었다. 이 말은 전혀 벼슬을 하지 못하는 양반 중에서도 가장 하층의 양반, 즉 잔반殘班 출신이라는 의미이다. 그나마, 장면의 아버지 장기빈이 외삼촌 진주강씨 강화석의 권유로 한성 영어학교와 한성 일어학교를 다녀 외국어에 능통했기에, 관세청 역할을 주로 했던 세무 관리로 취직할 수 있었다. 장면은 그렇게 유복한 가정환경에서 자랐다.

필자의 할아버지는 장면에 대단히 부정적이었다. 역사 공부를 하면서 자꾸 등장하는 장면이라는 사람에 관해 물어보면, 어렸을 때부터 늘, "그런 사람은 공부하지도 말아라. 대단히 무능한 사람이야. 그냥 선생이다, 선생. 선생 출신이 정치를 뭘 똑바로 하겠어?"라고 대답했다.

필자는 이럴 때마다 의문이 폭발했다. "아니 할아버지도 선생이면서, 그럼 나보고는 왜 선생 자격증을 취득하라고 그렇게 강요를 하나?"며 할아버지의 모순을 짚어내기도 하였다.

장면은 원래 이승만을 지지하던 사람이다. 1948년 12월 27일에 우리나라 최초의 '주미특명전권대사'에 기용되었다는 사실만 보더라도, 그는 이승만 대통령에게 굉장히 신임받던 사람이었음을 알 수 있다. 후일 민주당 신파 세력의 선두가 된 것은 고개를 갸웃하게 한다.

대사직은 1951년 2월까지 계속되어, 6·25라는 우리 민족 최대 위기에 미국은 물론 38개국에 달하는 유엔군까지 참전을 끌어내며 굉장히 큰 공로를 세웠다.

그러나, 1954년 국무총리를 지내던 그가 민의원으로 서울 종로에 출마하며 낙선을 맛본다. 이때 종로구 국회의원 당선자가 바로 윤보선 대통령이다. 이러니, 종로 지역구를 두고 윤보선과 장면의 극한 대립은 민주당 내에 신·구파 대결로 치달을 수밖에 없었다.

1956년 대통령 선거에서 장면은 해공 신익희와 환상의 듀오를 이뤄 정·부통령에 출마한다. 1956년 5월 2일, 수십만 명의 청중이 몰린 한강 백사장 선거유세에서 해공 신익희와 함께 불같이 연설을 내뿜던 그는 5월 5일 새벽 해공 신익희의 갑작스러운 절명絶命 소식을 듣는다. '평화로운 정권교체에 하나님의 은혜가 임할 것'이라는 출마 초기의 기백은 어디론가 사라지고, 슬픔만이 가득했다.

이승만은 다시 대통령이 되었고, 장면은 본인만이 평화적 정권교체의 희망이라며 부통령직에 올랐다. 이승만이 죽기라도 한다면, 헌법상 자연스럽게 장면이 대통령직을 승계하게 되건만, 그런 기적은 일어나지 않았다.

이승만은 정적이자 1956년 선거에서 대통령 후보로 양자 대결을 펼친 죽산 조봉암을 사법 살인하며 오히려 기세등등했다. 이기붕, 박마리아 부부를 행동대장으로 내세워 사사건건 장면을 따돌리며 투명인간 취급했다. 이간질을 통해 윤보선, 조병옥 등 민주당 구파 세력들과 장면계를 정치적으로 분쇄하려고 들었다. 1956년 민주당 전당대회에서 장면을 암살하려고 했던 사람들이 총을 쏘고 난 직후 체포되면서 "조병옥, 윤보선 만세"라고 외치는 희대의 촌극이 벌어졌던 것이다.

1960년 3월 15일 대통령 선거에서, 조병옥과 장면이 각각 민주당 대통령, 부통령 후보로 나서, 자유당의 이승만, 이기붕 후보와 격돌했다. 2월 28일과 3월 7, 8일 대구와 대전에서 연속적으로 '이승만은 물러가라'는 민중혁명대와 마주하게 된다.

그러나 조병옥은 1960년 2월 15일 신병 치료(뇌졸중의 일종)차 미국으로 건너가 수술을 받다가 사망한다. 어쩌면 1956년 선거판과 그렇게 빼다 박았는지 이승만은 또다시 사실상 단독후보였고, 부통령 선거에서 장면과 이기붕이 맞붙게 되었다.

대구의 고등학생들이 들고일어났다. '이승만은 물러가라'는 외침이었다. 장면의 대통령 출마를 원했을 것이다. 장면은 앞선 1959년 11월 26일 민주당 정·부통령 선거 지명대회 결과 총투표자 966명 중 조병옥 484표, 장면 481표 기권 1표로 패했다. 3표차였다.

1위가 대통령 후보로 2위가 부통령 후보로 나서게 되어있는 민주당 당헌·당규에 승복하여 장면이 또다시 부통령 후보로 나섰을 때, 뜻있는 많은 사람이 장면이 이겼어야 했다며 분통을 터

▶ (장면 사진) 1960년 8월 19일 총리로 인준된 직후 윤보선 대통령
(왼쪽)과 악수하고 있는 장면

트렸던 터다. 그 결과 장면은 언제나 이인자에 머물러야 했다.

'현직 부통령이 또다시 부통령 선거에 출마하다니, 언제나
되어야 이승만 대 장면의 표 대결을 볼 수 있단 말인가' 하며, 아
쉬움 속에 선거에 임했으나, 결과는 또 같았다. 1959년 11월의 그
3표는 통한과 눈물의 상징이었다.

장면은 3·15 부정선거로 이기붕에게 졌다. 4·19 혁명으로
다시 세워진 민주당 정부는 윤보선을 대통령으로 장면을 내각
국무총리로 정해, 초대 이승만 대통령이 국회 간선제로 뽑힌 이
후, 두 번째로 국회 간선제 국무총리가 되었다. 1960년 7~8월, 민

주당 정권은 1년을 가지 못하고, 신구파 갈등과 무능으로 점철된 채 5·16 군사쿠데타 세력에게 대한민국의 정권을 넘겨주고 말았다.

조봉암을 죽인 홍진기를 살려 준
이병철 삼성 회장

> 대놓고 정권에 따지지 않은 것이야말로, 이미 허문도 전 조선일보 기자에 의해 저질러지려던 언론통폐합의 흉계를 삼성 패밀리는 알고 있었다고 봐야 한다.

1954년에 홍진기는 법무부 차관으로 스위스에서 열린 제네바회담에 참석했다. 적어도 비행기에 오를 때는 모국의 통일을 책임지는 막중한 자리가 주어질 것으로 믿었으나 막상 그 회담을 허탕 치고 돌아온 그에게 해무청장*의 자리가 주어졌다.

---

* 현 관세청장

그러고 나서 1958년 법무부 장관으로 임용된다.* 이승만 정권에 비판적이었던 경향신문을 강제 폐간하고, 이승만의 정계 라이벌이던 죽산 조봉암을 사형시켰다. 또 1960년 3월 23일 내무부 장관으로 있으면서는 서울 시위에 가차 없는 발포 명령권자로서 악명을 날렸다.

4월 24일까지 근무하던 그는 4·19 혁명의 전야에서 체포되었다. 1심 '사형!' 운이 좋았다. 홍진기는 바로 감형되고 나서 군사정권의 특사로 석방되었다. 아마도 개인 홍진기였다면, 사형이 선고되었을 것이다. 전임 내무부장관 최인규와 경호실장 곽영주의 경우 바로 사형이 집행되었던 점으로 비춰보았을 때, 이는 매우 명징하다.

어떻게 홍진기는 감형에 감형을 거듭하다가 사면되었을까? 거기엔, 이병철이 있었다. 삼성그룹 이병철 회장, 그는 홍진기의 사돈이다.

홍진기는 1967년 4월 30일 장녀인 홍라희를 삼성그룹 이병철 회장의 삼남인 이건희와 결혼시켰다. 이 결혼을 위해 이병철과 정경유착을 맺었다고 할 정도로 그는 야심 찬 인물이었다.

1964년 9월 라디오 서울방송 사장, 1966년 12월 중앙일보사 회장, 1969년 5월 동양방송 사장, 1975년 2월 중앙일보와 동양방

---

* 해무청장의 자리에서 법무부 장관으로의 자리는 영전이다. 그만큼 그는 일 처리에 기민했고, 사실 그만한 사람도 없었다.

송 대표이사에 취임했다. 자신이 이렇게 미디어계로 진출하리라고 상상도 못 했던 홍진기에겐 사돈 이병철의 눈이 있었다.

이병철은 홍진기에게 미디어 업계로 나가라는 컨설팅을 시시때때로 해줬다고 한다. 홍진기도 뒤늦게 미디어 그룹에 적성이 맞는다고 느끼며, 현재의 중앙그룹을 일구는 데 온 정열을 쏟아붓는다. 중앙일보사를 비롯한 JTBC라는 종합편성채널은 이렇게 존재하게 됐다.

홍진기는 1980년 언론통폐합 조치 때, 동양방송을 내놓을 때도, 이 방송을 놓지 않으려고 발버둥 치는 임원들을 달래며, "모든 것은 순리에 따른다"고 했다. 이병철도 마찬가지로 대응했다. 그들을, 즉 삼성 임직원들을 보낼 때 대놓고 정권에 따지지 않은 것이야말로, 이미 허문도 전 조선일보 기자에 의해 저질러지려던 언론통폐합의 흉계를 삼성 패밀리는 알고 있었다고 봐야 한다. 그래서 역시나 삼성 소리를 들었던 것이지만, 뒷맛은 여전히 씁쓸하다. 4·19 발포 명령자 홍진기, 그는 사돈 이병철과의 모든 관계에 등장한다. 그 등장만큼이나 존재가 서럽다.

9

불행하거나 잔혹한 군인 대통령

불행한 군인 박정희와 미국
(1961. 5. 16)

> 미국이 '프레이저 청문회'까지 열었으나, 그래도 말을 듣지 않자, 김재규를 동원해 박정희를 쏘아 죽였다는 이 주장은 다소 무리가 있으나, 온전히 틀리진 않는 것 같다.

박정희는 군인으로서 매우 불행한 사람이다. 그는 모든 군인에게 존경받지 못했다. 정치적으로 얼마나 불행했냐면, 그가 대통령 자리에 오르고 처음으로 방문한 육군사관학교 졸업식에서 이렇게 말한다. "앞으로 우리나라에 두 번 다시는 나와 같은 불행한 군인이 나타나지 않게 되기를 바랍니다."

필자는 그를 매우 불행한 인생을 살다가 죽은 사람으로 평가한다. 모든 사람에게 훌륭한 영부인이라는 신화를 남겨놓았던 부인은 총탄에 맞아 세상을 떠난다. 하물며 세 번째 부인이었다.

두 딸은 살아있지만, 한 명은 대통령 자리에 앉았으나 나랏일을 좀 하는가 싶더니 비선 실세에 유약한 영혼을 잠식당해 나라를 위기로 몰아넣고 감방에 들어간다. 천운으로 감옥에서 나와 시골 바닥에 있다.

박정희는 미국에 등을 돌린 적은 있지만, 대체로 미국 말을 잘 듣고 그 지시에 근본적으로 반한 적은 없었다. 그가 대통령일 때만 해도 미국에서는 인기스타 존 에프 케네디부터 린든 브라이언 존슨, 리차드 닉슨, 제럴드 포드, 존 카터까지 대통령이 5번이나 바뀌었다.

반공을 국시로 삼은 박정희는 1970년대 들어와 통일 문제로 미국과 부딪히며 미국을 괴롭혔다. 리처드 닉슨은 자기의 데탕트 정책 문제로 중국과 친선외교에 힘을 쏟았고, 한국은 그 와중에도 강한 냉전주의를 고집해야만 했다.

한국은 데탕트 노선에 대체로 반대했다. 한국이 미국이 주는 통일론에 한 번 집착했던 것은 1972년부터 이어져 내려온 적십자 회담이 제대로 주효하면서부터다.

박정희의 한국은 일찍이 1970년 8월 15일에 북한 측에 평화통일구상이라는 것을 발표했다. 통칭 8·15선언으로 불리는 이 선언에서 박정희는 남북 간 군사적 대결을 지양하고, 어느 체제가 더 국민을 더 잘 살게 하느냐는 선의의 경쟁 구도를 이야기하면서, '인도적 문제의 해결과 통일기반 조성에 기여할 획기적인 조치'를 취할 용의가 있음을 강조했다.

그로부터 1년 후, 대한적십자사 최두선 총재는 특별성명을 내서, "남북한 이산가족들은 금세기 인류의 상징적 비극"이라며, 이산가족의 실태를 파악하고, 소식을 전해주며 재회를 우선하여 알선하자고 제안한다. 이때 북한적십자사는 8월 14일에 긍정적인 답신을 보내며 이를 수락한다. 덧붙여 친구, 친우 등도 모두 포함하여 그들의 자유 왕래를 실현하자고 했다.

대한민국 정부는 친구, 친우 등 동지 방문이 우선된다는 점에 의아해했다. 이는 이번 대화를 통해서 남한의 공산화를 획책하고, 정치공작원을 대량 남파하겠다는 의도였다. 이를 간파한 우리 정부는 일단 안 된다는 쪽에 손을 들었다.

1974년 박정희는 8월 15일 세 번째 부인 육영수 여사를 잃었다. 자기를 노리고 방청석에서 달려든 문세광이 관객 이태산의 발에 넘어지면서 쏜 총탄이 자기 아내를 향했다는 것을 어찌 받아들여야 하는가! 너무도 가혹한 자기 운명에 통탄했을 것이다.

박정희는 자기를 대통령에 앉히고, 14년이 지난 지금에도 물러서지 못하게 하면서 자기를 괴롭히는 미국을 탓할 수밖에 없었다. 이때 미국의 힘은 제임스 하우스만이 대변하고 있었다. 그는 어찌할 바를 몰라 버둥거릴 뿐이었다.

▶ 1974년 광복절 기념행사. 뒤쪽으로 총을 맞고 비스듬히 쓰러지는 육영수 여사.

필자는 박정희 서거 후에 나온 '미국 배후 조종설'에 일리가 있다고 생각한다. 미국이 자꾸만 자기 명령을 듣지 않는 박정희를 청문회를 통해 길들이려고 '프레이저 청문회'까지 열었으나, 그래도 여전하자, 김재규를 동원해 박정희를 쏘아 죽였다는 이 주장은 다소 무리가 있으나, 온전히 틀리진 않는 것 같다.

박정희는 1975년 인혁당 재건위 사건에서 8명에게 간첩 혐의를 씌워 죽였다. 사법살인이다.

바로 전 해에 자기 부인을 총살로 잃어버리면서 맡은 무서운 사건이었다. 1974년 4월 25일, 중앙정보부는 유신 반대 투쟁을 벌여온 전국민주청년학생총연맹(약칭 민청학련)을 조사하던 중, 그 배후에서 학생 시위와 민중 폭동을 조종하던 인민혁명당 재건위원회(약칭 인혁당 재건위)를 적발했다고 발표했다.

인혁당 재건위는 북한의 지령을 받아 박정희 정부를 전복하고 노동자, 농민에 의한 공산정부 수립을 기도했다고 밝혔다. 이게 소위 말하는 인혁당 재건위 사건이다.

일단 사건을 만들면, 자비는 없었다. 공안조작세력인 공안검사와 판사들은 충실한 사냥개 역할에 충실했다. 신직수가 잡아들인 인혁당 재건위의 이수병, 김용원, 서도원, 도예종, 하재완, 송상진, 우홍선, 여정남은 사형이 확정되었다. 그리고 그다음 날 1975년 4월 9일, 선고 18시간 만에 사형이 집행되었다. '불행한 군인' 박정희는 이날 어떤 맘이었을까.

잔혹한 군인 전두환과 미국

(1980. 5. 18)

> 전시작전통제권 발동은 광주에 북한 무장 간첩이 있다는 것을 의
> 미한다. 그게 아니면, 한국군은 자체적으로 총을 발포할 권리가
> 없다.

전두환은 잔혹한 군인이었다. 필자는 5공 시절에 정권을 잡은 전
두환과 그 똘마니 같은 자들을 잔혹한 인간*이라고 평가한다. 국
민은 전임 대통령의 비극적인 죽음에도, 수사 책임자로서 스스

---

* 박정희 정권의 사람들을 잔혹하지 않다는 것이 아니다. 미국과의 관계에서 정립된 이야
기를 들어보면, 전두환 정권 사람들은 매우 잔혹하다는 느낌을 지울 수가 없다.

로 대통령이 되는 희한한 꼴을 봐야 했다. 대통령 선거도 치르지 않고, '서울의 봄'이라는 1980년의 희망을 과감히 짓밟고 염치없이 대통령직을 수행하게 된다. 공산당을 연상케 하는 지도자 선출 방식이었다.

박정희는 그나마 군사쿠데타 1년 만에 민정으로의 이양을 준비하며, 선거를 통해서 대통령이 되었다. 재선도 3선도 아무튼 선거를 통해서 대통령이 되었다. 최소한의 양심이라도 있었다고 본다.

반면, 전두환은 선거도 치르지 않고 대통령에 올랐다는 점에서, 그 대통령직을 또다시 선거 없이 후임에게 물려주려고 그 과정에 적극적으로 개입했다는 점에서 몰염치의 극치라고 할 수 있다.

전두환은 1979년 12월 12일, 12·12 쿠데타로 집권한다. 이날 혁명을 완수했다는 의미로 정승화 육군참모총장을 잡아 희대의 하극상을 일으키며, 신군부의 실체가 공개된다. 일명 하나회 육사 11기를 우리 역사학자들은 마지막 하극상 세대로 부른다.

이 광경을 지켜본 국민은 '도대체 이게 무슨 일인가, 어째서 민의를 저버린 사람이 새롭게 대통령이 되는가' 하면서 TV 앞으로 몰려들었다. 한국의 민주주의는 1971년 대선 이후로 완전히 멈추었는데, 이렇게 되면 또다시 직선제 대통령이 아니라, 유신 대통령을 맞이해야 하는 건 아닌지 일종의 공포감까지 느꼈다.

그러나 일부는 만족했다. '우리는 우리 할 일(장사, 공무원, 회사원)만 열심히 하면 되지 뭘' 하면서 순순히 현실을 받아들였다. 최규하, 홍기 부부를 주저앉히고, 그 자리에 전두환, 이순자 부부가 들어섰다. 최규하가 대통령이 된 지 정확하게 1년 뒤다.

1980년 봄, 김대중을 내란음모죄로 사형에 내몰고, 5월 17일 전국계엄을 선포한다. 이 계엄은 광주와 서울에서의 소요사태를 모두 간첩 소행으로 돌렸다. 북괴에서 내려온 불순 세력들이 대한민국의 안전을 노리고 일으켰으니, 적극적 대처, 즉 군대를 투입해 막겠다는 선언이었다. 더 구체적으로 톺아보면, '지금 현재 전라도 광주 지역에서 일어나고 있는 저 준동을 군대를 보내서 막겠다'는 선전포고였다.

전라도 광주 지역은 1980년 5월 17일 현재 김대중 선생의 정치 생명과 목숨을 사수하려는 시민들의 외로운 함성이 터져 나오고 있었다. 전두환과 그 무리의 잔혹성에 비춰볼 때 큰 사건이 일어날 징조였다.

마침내, 간첩 무리를 소탕하기 위해 신군부가 공수여단을 투입했다. 전두환, 이희성, 황영시, 정호용, 노태우, 김복동 등 육사 11기가 광주에 내려가서 전시작전통제권을 사용한다. 전시작전통제권 발동은 전라도 광주에 북한 무장 간첩이 있다는 것을 의미한다. 그게 아니면, 한국군은 자체적으로 총을 발포할 권리가 없다.

군인들은 공산당을 토벌하는 것처럼 광주와 전라남도 시민

▶ 5·18 광주민주화운동 당시 시민군의 모습

들을 무참히 짓밟는다. 5월 18일에 내려간 대한민국의 공수여단
들은 5월 27일 시민군들을 도청에서 짓이겨버린다. 그 9일 동안
에 1천여 명이 군대에 희생됐다. 심지어 헬기에서도 발포했다.
전남 화순의 주남마을에서는 직장에 가려고 버스에 탄 사람들에
총을 난사해 홍금숙 씨 한 명을 뺀 모든 사람이 죽었다.

전두환의 신군부는 잔혹한 만행을 멈추지 않았다. 10월 27
일에는 전국의 사찰을 덮친다. '10·27 법난'이라고 불리는 이 사
태는 전국 모든 조계종과 각 종파 사찰들에 숨어있는 공산당 및
민주화 인사들(당시에 이들은 모두 사회 불온 세력)을 찾는다는 명분

을 들어 모든 사찰을 침탈했다. 5·18 광주 민주화항쟁 당시에 왜 광주시민들을 돕고 의료서비스를 제공했는지가 표면상 이유였다.

우리 국민에게 묻고 싶다. 왜 이때 나서서 싸우지 못했는가. 이렇게 흉포한 무리가 정권을 장악하도록 왜 가만히 놔두었는가?

여기서 그치지 않았다. 1980년 11월 12일 마침내 언론통폐합이 전격적으로 단행되었다. 1980년 1월 말까지 언론사에서 반反정부적 성격을 띠는 900명 이상의 언론인이 해직되었다. 충주문화방송 사장은 삼청교육대에 끌려가서 순화 교육을 받아야 했다. 1980년 11월 12일, 전국의 모든 언론사주를 소격동 보안사 사

▸ 삼청교육대생들의 훈련 모습.

령부로 집합시키고, 언론사주들에게 자기 언론사를 포기하는 각서를 받게 한다. 전대미문의 언론사 통폐합 조치였다. 중앙지는 28개 사에서 14개 사로, 방송은 29개 사에서 3개 사로, 통신 7개 사가 1개 사로 통폐합되었다. 그야말로 민주주의 전멸이었다. 전두환이 이렇게 반민주 반헌법적인 조치를 해댄 것이 1980년이었다. 그때, 삼청교육으로 들불처럼 일어나는 민주주의 세력들을 하나같이 눌러댄 것이 잔혹함이었다.

역사학자의 외침

> 민주주의는 깨어있는 시민들의 조직된 힘으로 전진한다.

필자는 외친다. "민주주의는 우리 가슴속에 있다!"

왕이 다스리는 시대에서 백성은 지배층의 기득권 카르텔에서 벗어나면, 목숨을 잃는 나약한 존재였다. 그러나 지금 우리 사회의 백성은 모두 '깨시민'이라는 위대한 타이틀을 달고 있다. 깨어있는 시민들의 조직된 힘, 그것이 역사라는 틀 안에서 다듬어진 것이 진정한 민주주의라고 할 것이다.

1940년 11월 23일~24일 일제는 경상남도 부산에서 '경남학도전력증강국방경기대회'를 열어 전시 총동원 체제의 열기를 가일층 끌어올린다.

부산, 마산, 진주 등에서 온 중학생들이 열심히 군사체육경기에 임했다. 이때 중학생들은 13~15세가 아닌 15~18세의 청년들이었다. 1938년에 열린 전 대회 우승자, 동래중학교는 이번에도 우승을 차지하기 위해 이를 악다물고 경기에 참여했다. 전시戰時 집나르기 같은 모든 종목을 마치고, 이제 마지막 장거리 구보 행군만 남은 상황. 동래중학교의 압승이 점쳐졌다. 동군과 서군은 동래중학교가 속한 서군이 이겼다고 서로 얼싸안고 축하하는 분위기로 흥겨웠다.

그런데, 총점을 보니, 동래중학교는 2등이고 1등이 부산중학교였다. 부산중학교는 일본인 학교였다. 동래중학교 교사와 재학생들은 크게 분노했다. 모두가 거칠게 항의했는데, 당시 심판장이자 대회장 노다이 대좌는 "심판의 판정은 신성하고 절대 불가하므로 판정을 따르라"라고 말했다고 한다.

동래중학교와 나머지 서군에 속한 학교 모두 '이런 편파 판정은 절대 못 참는다'며 분분히 일어났다. 학생들은 모두 "노다이를 죽여라" "체육 경기 다시 하라" "일본은 망할 것이다"라면서 가두 행진을 벌이고, 노다이의 관사를 덮쳐 습격했다. 노다이는 얼른 도망가 버렸고, 부산 데파트 일대 상점들은 모조리 문을 닫았다.

무려 3일 동안, 부산은 학생들로 뒤덮였다. 무정부상태가 된 부산은 일반시민들까지 모두 나서 비단 이번 편파 판정뿐만이 아니라, 그간 울분에 쌓인 일제의 만행을 성토했다.

사태가 커지자, 서울에서 유승운이 내려왔다. 한반도 최악의 친일파, 조선 최고의 고등계 형사부장인 유승운은 반일 분위기를 억누르기 위해 최강의 탄압 작전을 시도한다. 제2의 3·1운동으로 번질까 봐 미리 억누르려는 목적이었다.

"먹여주고 재워주고 엉? 또 이렇게 일본인들과 동등하게 경기를 뛰게 하는 것도 황군의 은혜이거늘, 이것들이 어디서 본분을 잊어버리고 황군을 괴롭혀?"라고 말하면서 거들먹거리는 유승운 형사부장을, 포승줄에 묶여 있던 한 학생이 달려들어서 그 어깨를 있는 힘껏 물어뜯었다.

이 사건이 괘씸죄가 되어, 학생들 14명이 모조리 후쿠오카 형무소로 보내졌다. 그들은 모두 남인수의 '황성옛터'를 불렀다. 데모 노래로도 부르고, 붙잡혀 있을 때도 계속 불렀다. 이제 이 어린 나이에 끝날지도 모르는 인생 같은 것은 그들에게는 조금도 미련이 없었다.

황성옛터를 불렀던, 그리고 유승운의 어깨를 물어뜯었던 그 사람이 배상고, 바로 나의 큰할아버지이다. 우리 할아버지의 바로 위 형님, 그분은 만으로 17세 나이에 경찰에 잡혀, 1940년부터 1945년까지 감옥에 계시다가 죽음을 맞이했다. 후쿠오카 형무소에서 1944년 11월부터 시작된 생리식염수 마루타가 되어 그 짧은 생을 마감했다.

1945년 8월 2일 눈을 감으면서까지 '황성옛터'를 부르다가 돌아가신 분이 우리 큰할아버지이다. 영화 동주를 보면서 필자는 눈물을 흘렸다. 얼굴 한 번도 보지 못했지만, 그 속에 나오는 후쿠오카 형무소의 생리식염수 마루타들의 괴로워하는 모습을 보며, '아 예전에 우리 큰할아버지가 저기 계셨구나' 싶어서였다.

안타깝게 해방 조국의 영광을 보지 못하고, 돌아가신 우리 큰할아버지를 기린다. 큰할아버지는 장가도 가지 못하고 21년 생애를 마쳤지만, 그 가운데 큰 업적을 남겼다. 그 울분, 그 서러움, 한 번씩 죽음의 공포가 밀려들 때 큰할아버지는 어떤 심정이었을까.

큰할아버지가 그때마다 불렀던 '황성옛터'는 이후 우리 할아버지와 막내 할아버지의 십팔번이 되었다. 노래를 부르실 때마다 목놓아 우셨다. 그 노래 부를 때만큼은 깨어있는 시민이 되셨던 것이다. 형을 향한 그리움은 물론 형이 왜 그랬을지 그 감정을 그대로 노래에 담아 불렀을 것이다.

역사는 반복된다. 다시 강조한다. 역사는 발전하는 것이 아니다. 우리는 반복되는 역사를 민중의 편으로 다잡기 위해 노력한다. 가끔 기득권 카르텔이 민중의 의지를 꺾기도 하지만, 우리는 그렇게 되면 또다시 깨시민의 노래를 부르며 전진한다. 이제, 깨시민의 역사를 붙잡기 위해 노력할 타이밍이다. 역사학자는 외친다. 민주주의는 어디 있느냐고? 민주주의는 깨어있는 시민들의 조직된 힘으로 전진한다고! ●